本の声を聴け

ブックディレクター 幅允孝の仕事

高瀬 毅 Tsuyoshi Takase

文藝春秋

本の声を聴け

ブックディレクター幅允孝の仕事

カバー写真　久家靖秀
（撮影・ブルックリンパーラー新宿）
装幀　　　　野中深雪

はじめに

なぜ、人は本屋に足を運ぶのだろうか。

買いたい本があれば、いまはたいていの本はアマゾンなどのネット書店で買えるはずだ。足を棒のようにして、本屋を何軒回っても探せなかった本が、自宅のパソコンやスマートフォンで、欲しい時に簡単に購入できる。便利な時代になったものだと、改めてネットの利便性に感謝する。だのに、きょうも本屋に行くのだ。ふらりと入ってしまうのである。

なぜ、きょうも私は本屋に行くのだろうか。

おそらく、それは、予想もしなかった本や雑誌に、偶然出会いたいからではないだろうか。あれ、こんな本が出ている。へえ、面白い特集しているな。この作家、こんなテーマの本を出していたのか。気ままに棚や平台を眺めたり、立ち止まって本を手に取ったりしながら「驚き」や思わぬ「発見」を待っているのではないか。ふだんなんとなく感じていることを、

「そうなんだよ」「それでいいんだ」と肩を叩いてくれそうな本に出会うことを期待しているのかもしれない。どれどれ、きょうはどんな新しい出会いがあるんだろう。そう思いながらきっと本屋に入るのだ。

詩人の長田弘さんが、学生時代によく通ったという古本屋について、『自分の時間へ』の中でこう書いている。

「古本屋には、本の声を『聴きに』いった。黙りこくっている本のあいだに、ここにいると、こちらに語りかけてくる本がある。ない本を探しにゆくのでなく、そこにある本の声を聴きにゆく。語るべきことをもつ本は、かならず本のほうから語りかけてくると思う。聴くものに聴こえるだけのひそやかな声で語るのが、本だ」

長田さんの学生時代は、一九五〇年代後半から六〇年代初頭にかけて。いまとは比べものにならないほど、本に影響力や権威があり、本に対する信頼も厚かっただろう。メディアのありようも暮らしの環境も違うので、単純にいまと比較はできない。それでも本と人間の関係や、書店の役割については、基本的に当時もいまも変わらないのではないだろうか。

古本屋だけではない。新刊の書店も同じことだ。

「本のほうから語りかけてくる」

きっとそうなのだ。

だが、最近はそれも難しくなった。本の量も格段に増えた。それにつれて大型書店も多くなった。それはそれでありがたい面もあるのだが、本に圧倒されて疲れてしまうことも多い。「出会い」が多すぎるのかもしれない。本の数量が多すぎて、本当に求めている本が分からなくなってしまったようにも思える。本は必死に語りかけているのかもしれないが、自分が探し求めている本の声がなかなか以前のようには聴こえてこない。

本が出版されてから回収されるまでのサイクルが速くなったことも関係しているかもしれない。一部のベストセラー、ロングセラーの本を除き、本屋の店頭に現れて消えていくまでの時間が本当に短い。その回転の速さに付いていけなくなっているのだ。

何かが以前とは違う。昔の本屋はそんなにめまぐるしいスピードで本を売ってはいなかったのではないか。あまり売れなくても、ずっと棚に残っている本もあったように思う。なかなか売れなくても良質の本だから、うちでは売る。無言のうちに店主がそう語っているかのような本の並べ方をしている本屋がもっと多かった。そういう本屋では、古今東西、古代から現代まで、時空を貫く「知」に触れる喜びを体験できた。

本屋に入ると、「知」に対する情熱、本を書くことへの執着、それを買う読者の「学び」「知る」ことに対する好奇心と探求心の広大な海が、一冊の本の向こうに見えるようだった。

書き手にしても、作り手にしても、読み手にしても、本を求める人間の営為というものに圧倒され、本屋に足を運ぶたび感動すら覚えた。一見静かな書店の店頭は、実は知のエネルギーが渦巻く、ものすごくエキサイティングな空間なのではないか。私にはそう感じられた。

本と対話する。本屋で本をじっくり選び、こんな本があるのかと驚き、店主の見識に密かに感銘を受け、よくぞ置いてくれたと感謝する。棚がいろいろなことを語りかけ、触発された頭の中が、ぐるぐると回るような感覚に襲われる、そんな刺激的な場所だったのではないかという記憶が消し難くある。

もっとワクワクさせる本屋はないのだろうか。本棚を見ているだけで、気持ちが飛翔し、想像力がどこまでも膨らんでいくような感覚にさせてくれる本屋はないのだろうか。

輝く本棚

本を自在に操る男がいる。

少ない時で数十冊。多い時には万という量の本を、彼があるテーマに沿って本棚に並べると、本棚が、がぜん輝きだすのだ。本棚を見ているだけでワクワクしてくる。何かが頭の中でスパークして、新しい発想が生まれる予感がする。つい手を伸ばして、本を手に取り、ページを開いてみたくなる。彼が並べた本棚の前に立ったことがある者なら、おそらく、ほとんどの人がそういった感覚に捉われるはずだ。

幅允孝《はばよしたか》。三十六歳。ブックディレクターである。この肩書きはまだ多くの人にはなじみが薄いだろう。ブックコーディネーターと言われる人たちはいるが、幅と同じ肩書きを使っている人物は、ほとんど聞いたことがない。ブックディレクターという言葉自体、幅の周囲の人たちが、そう呼び始めたことから少しずつ広まったということらしい。

ブックディレクターというのは、言い換えれば「本棚の編集者」である。「本を編集」するのではなく、「本棚を編集」するのだ。

幅允孝氏（撮影・山下亮一）

と言っても、仕事を見たことがない人も多いだろうし、想像もできないと言う人もたくさんいるだろう。
かいつまんで言うなら、本を本棚に並べるとき、ある意図を持って本を並べ、本棚全体を通して、見る者に、メッセージや世界観のようなものを感じさせるという仕事である。
そんなものがいったい仕事と呼べるのだろうか。しかも本屋でもないのだ。自分で店舗を持っているわけではない。ただ、他者から頼まれて、「本棚を編集」するだけである。いったいどういう仕事なのだろうと疑問を持つ人がいても不思議ではない。ただ、まちがいなく言えることは、幅に本棚の編集を依頼する人たちが引きも切らないということだ。そしてそれは確実に増え、業態も多種多様であるということである。その中には本屋も入っているが、むしろ、そうでない所からの注文の方が多いというのも特徴的だ。

ブックディレクターは、本についての知識があるだけでは務まらない。無限といってもいい膨大な量の本の中から、依頼されたテーマ、独自に考えたコンセプトに沿って選ぶ「選書の力」と、並び替える「編集する力」、本棚全体を通して何かを「表現する力」が必要だ。デザインする能力や、アートに関しての感性までも求められる、いままでありそうでなかった仕事なのである。

本の求められ方が変わる

幅の下に寄せられる依頼先をざっと挙げてみよう。ブックカフェやインテリア・家具の店、模型店、空港や美術館のスーベニアショップ、アパレルのセレクトショップ、音楽・アート・写真などのセレクトショップ、ホテル、予備校、美容院、病院、銀行の研修施設、銀行のロビー、スポーツショップ、大学生協、メーカーの研究所、ＩＴ関連企業、百貨店、フラワーショップ、旅行用品店、バス用品の店、オーガニック関連商品のセレクトショップ、トラッドファッションのショップ等々である。

最新のランドマーク、ショップ、モールなどができる際にも、幅が編集した本棚や店が組み込まれることが多い。それも、ニュースとなるような施設や場所の誕生と関わっている。たとえば、六本木ヒルズや東京ミッドタウン、東京駅、羽田空港新ターミナル、国立新美術館、表参道東急プラザといった、この数年のうちに出来たり、生まれ変わったりした新しい「東京」をイメージさせるものばかりだ。

業種に共通項はない。確実なのは、本屋以外の場所に本がどんどん「出ていく」状態が生まれているということだ。

「人が本屋に来ないのなら、人がいる場所に本が出ていくしかない」(幅)。

どうやら本を売ることを本業とする本屋以外の人たちから、本が強く求められ始めているようなのだ。

最近は、何気なく立ち寄った店に、本がさりげなく置かれているのを見ることも少なくない。カフェと書店が一体化した「ブックカフェ」も珍しくなくなった。この十年で市民権を得たと言ってもいいだろう。

「本が売れない」「雑誌が廃刊になった」「また本屋が閉店した」。そんなニュースばかりが強調される一方で、「本がある風景」は、いつのまにか、私たちの身近なところで増え続けているのである。出版不況が叫ばれる半面、光と影が交錯するように、一見矛盾した光景が広がっている。

なぜなのだろうか。あちこちで、本の魅力や本がもたらす効果を再発見したり、新しい利用の仕方（表現はあまり適切ではないかもしれないが）に気がつき始めたりしているようなのだ。

本は、昔から本としてあり、商品の在り方としてはなにも変わっていないのに、どうやら本の求められ方に変化が生じているようだ。そんな時代に幅は登場してきたのである。

第一章　本のある風景

——本棚のある病院、美容院、銀行

［千里リハビリテーション病院］

脳の機能を回復するために

　丘陵地帯を切り開いて造成した千里ニュータウン。かつては、大阪万国博覧会の会場ともなった広大なエリアに隣接する大阪府箕面市の住宅開発地に、リハビリテーション専門の病院が出来たのは、二〇〇七年十月のことだ。

「千里リハビリテーション病院」。地上三階、地下一階。ベージュ系を基調とした落ち着いた印象の建物で、高級マンションのような雰囲気を漂わせている。建物の一部に曲線を取り入れているのも、さらにそうした印象を深める要素となっている。

　香川県で地域医療を行ってきた医療法人社団和風会が大阪で新しい事業として設立したリハビリテーションの専門病院である。脳卒中などの脳血管疾患や大腿骨などの骨折、外傷によって脳や脊髄などを損傷した患者が、日常生活の改善を目的としたリハビリを集中的に行っている。

病院の中に入ると、ここが本当に病院なのだろうかと思わせられる。広々としたロビー。アートのようなデザインの赤い椅子。そのロビーの一角にはライブラリーがあり、そこにアート系の写真集や本が並べてあった。

『美味礼賛』(ブリア・サヴァラン)、『伊藤若冲大全』などの文字が見える。茶色の木製の本棚に、縦のラインごとに、ブルー系、イエロー系、グリーン系、レッド系の表紙の本が面出しで立てかけてある。棚を色分けし、棚と同色の表紙の本で分類したユニークなライブラリーだ。

上の階は病棟になっている。ベッド数百十五。九十四室中、七十五室が個室である。自宅に帰った時を想定し、入院時のふだんの動きの中でもリハビリができるように畳敷きの部屋を設けてある。廊下でもリハビリができるよう、スペースも広く取ってあった。

ライブラリーはこの病棟階にもある。広々とした清潔感のある共有スペースに、シックな木製の本棚が並んでいる。他の病院とは一味違う風景だ。

一階ロビーのライブラリーは、ディスプレイ的なディレクションだが、こちらは、患者が好きなときに立ち寄って読んだり、自室に持ち帰ったりできる実用的な棚である。選書・編集された本は千二百冊。これだけの冊数を持つライブラリーのある病院はほかにはまずないだろう。いずれも幅が手がけている。

最初から欲しかったライブラリー

「この病院を作ろうと思ったときにまず決めたのが、ライブラリーを作ることでした」

そう話すのは、同病院の理事長で院長の橋本康子である。病院を作る時に、まずライブラリーを、と考えたことに驚かされるが、橋本にとっては当たり前のことだった。脳疾患系などの病気や怪我で身体的な麻痺が生じた人にとっては、「家で生活しているイメージが湧きやすい環境でこそ効果的なリハビリができる。だとすれば家にある本棚が病院にもあっていいのではないか」と考えているからだ。

橋本は、もともと本を使ったリハビリに関心を持っていた。

一般的にリハビリというと、手足の身体的機能の回復や改善をまず思い浮かべることが多い。そのための器具があり、それらを使って、筋力を回復させる。もちろんそれは大事なことなのだが、リハビリを必要とする患者は、外からは見えにくい脳の機能にもダメージを受けていると橋本は言う。

記憶力はもとより、注意力、判断力、認知力など、日常生活に必要なさまざまな脳の機能が、健常な人に比べて落ちてしまっているのだ。それを少しでも回復させていくためには、本が有効なのではないか。橋本はそう感じていた。

もう一つ理由があった。それは、機能回復訓練の質の問題だった。いままでにも文章を読

「千里リハビリテーション病院」1階ロビーのライブラリー。

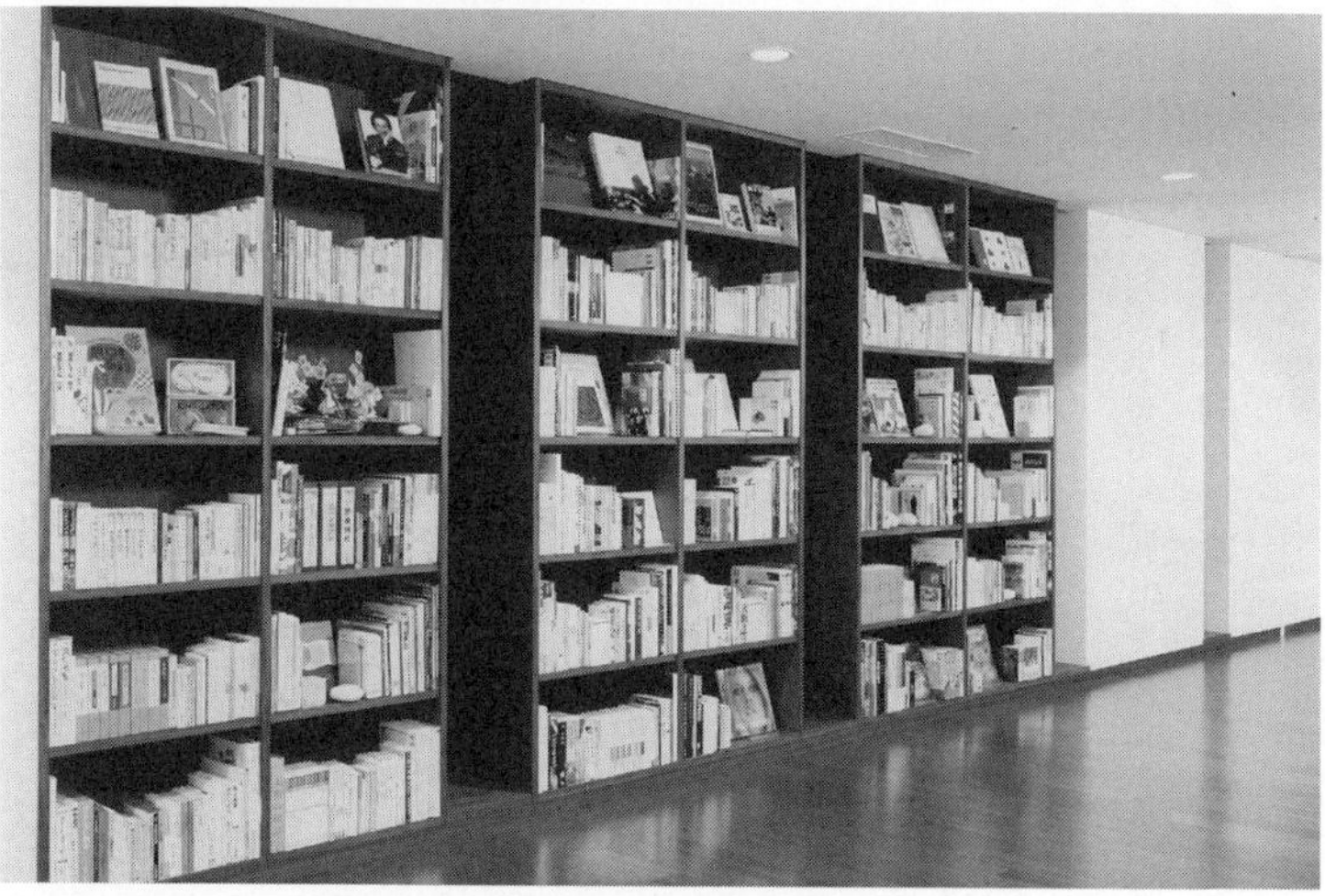

病棟階にある本棚。患者が好きなときに本を読むことができる。

むリハビリはあったものの、「花は赤い」「空は青い」といったレベルのものだった。入院患者の中には、かなり高い知性を持った人たちもいる。病気で倒れる前には、社会的な地位もあり、読書家の人たちも少なからずいた。そういう人が「花は赤い」「空は青い」では、読むのも辛い。身体に障害を持つ身となり、それすら読むのが困難になったとき、精神的なショックも大きいのではないか。もっと違った方式のリハビリができないかと思っていたのだ。

ただ、そうは言っても、いったいどういう本を、どう使えばリハビリに効果があるのか、まったく見当もつかなかった。アイデアとして本によるリハビリは考えついても、具体論となると、医療とは違う分野のために、雲をつかむような感じだった。

ヒントを与えてくれたのは、アートディレクターの佐藤可士和だった。改めて言うまでもないが、佐藤は日本を代表するクリエーターの一人だ。

大手広告代理店の博報堂を経て、株式会社サムライを設立。SMAPのアートワーク、キリン極生の商品開発や広告キャンペーンを始めとして、NTTドコモのプロダクトデザイン、ユニクロNYグローバル旗艦店のクリエイティブディレクション、国立新美術館のサイン計画（来館者などが、スムースかつ安全に目的の場所へ行くための情報伝達の表示、標識などを体系的に整備すること）など、ディレクションやプロデュースの最前線で活躍している。その佐藤が、千里リハビリテーション病院開設のコンセプトを作る中心的な役割を担っていた。

「リハビリに効く本を」

佐藤は、橋本と話す中で、自身も橋本と非常に近い、あるべき病院像を持っていることが分かった。治療する場所という機能だけが露出したような場所ではなく、患者にとって、もっと快適な環境を作る必要がある。それが治療にも効果をもたらすのではないか。そういう発想に立ち、いかにも病院然とした病院ではない、「リハビリテーション・リゾート」というコンセプトを打ち出した。佐藤はそれを具現化するために、建物、ランドスケープデザイン、医療・看護職員のユニフォームデザイン、リハビリにリラックスして取り組んでもらうためのBGMなどの音楽、アロマテラピーなどを、それぞれの専門家やクリエーターに依頼したのだ。そんな関係から、リハビリのためのライブラリー作りに関して、名前が上がってきたのが幅だった。佐藤は、後述する「TSUTAYA TOKYO ROPPONGI」のアートディレクションを担当したときに幅のことを知っていた。

話を聞いた橋本は、さっそく幅に本棚を作ってもらうことにした。橋本は「脳卒中のリハビリに効く本を集めたい」という依頼を出した。

だが、当初、幅は病院にどんな本を置けばいいか分からなかったという。戸惑いもあった。自身も含め、身近に脳卒中を患った者はいない。「分からない」ことだらけの領域だったからだ。

「病気の本、食べ物の本、旅の本、いろいろ揃えていらっしゃったようですが、いえいえ、面白い本がいいんですよ、とお話ししました」

橋本は当時のことをそう振り返る。

分からないことを机の前で考えていても始まらない。そういう時には、まず現場に行くしかない。千里リハビリテーション病院を訪ねた幅は、病院の医師をはじめ、入院してリハビリに取り組んでいる患者とも会い、話をした。

その話から、まず病院の入院患者に長期入院の人が多いのではないかと感じた。患者には時間はたっぷりある。それなら『三国志』などの歴史大作や司馬遼太郎、マルセル・プルーストなど、長大な物語を描いた作家たちの作品群がいいのではないかと思い、インタビューの時、持っていった。

幅の提案に対し、最初はみな、「まあ、いいんじゃない?」というような当たり障りのない感想を述べた。

しかし、ある患者が、こう言った。

「こんなん読む気にならへん」

集中力が落ちていて、とてもじゃないが長編小説を読み通せないというのだった。言われてみれば確かにそうかもしれなかった。本棚を作る側は、どうしても健常者の感覚で考える。しかし、健常者にとって当たり前と思われることが、入院している人にはままならない。まさに、それが脳の機能低下という状態であり、脳の機能回復のために、長編小説を読んでもらおうというのは無理があったのだ。

そこから試行錯誤が始まった。幅は改めて患者と話をすることにした。長いものがダメならば、短いものならいいかもしれない。詩や俳句や短歌だったらすぐに読めるのではないか。さまざまなアイデアを考える中から頭に浮かんだのはテキストではなく、行間を読むことのできる本だった。

そんなある日、高齢の患者が、病院の職員に、何か詩集を持ってきてほしいと言った。職員が持っていくと、その男性患者は、紙に詩を書き写していた。ふと見ると、それは谷川俊太郎の、ある詩だった。

「おじいちゃん、いいね！」

と言うと、

「接吻の詩だからね。張り切って、そのまま写しとったよ」

と嬉しそうに照れ笑いしたという。

幅は、病院からその話を聞き、ある一人の患者が詩集を見て「接吻」という病院とは程遠い甘い感情に包まれたことに、新鮮な感動を覚えた。と同時に谷川俊太郎のことを知らなくても何も困ることはなく、素通りしてもおかしくはなかった人が、谷川の詩を知る機会を得たことも素直に嬉しいと感じた。患者が書き写したのは『接吻の時』という一篇の詩だった。

きみは、何を考えてるんだ
目をつむり
鼻をかすかにふくらませて
きみは何を考えているんだ
ぼくのこと
それとも自分のこと
それとももっと他のこと
ぼくらの上に陽は輝き
ぼくらのまわりに
人々のざわめきがきこえる
だけどぼくらは
大昔のミイラのように抱き合って
それで幸せをつかむ気でいる
きみは何を考えてるんだ

幅は、そんな詩を、必死になって書き写したその高齢者のことを思い浮かべた。そして、本がモチベーションを喚起する道具になるのだと感じた。

「大事なのは、手が動くことより、動いた手で何をつかむのかなんです。足が動くことより、その足でどこへ行くのか。本は読み手にさまざまな感情を味わってもらうことができます。リハビリのためのリハビリではない。本は、自身の中に沈んでしまっていた『愉しい』とか、『嬉しい』とか、『照れくさい』とか、そんな多様な感情をすくい上げることができるんだな、とその時思いましたね。書き手や差し出す側の意図を軽々と飛び越えて。そして同時に感じたのは、こんなこと、本屋にいた時には気がつかなかったということです」

病院の関係者からは、ページをめくる行為自体がリハビリに効果があるとも聞いた。紙の感触も大切なことだった。そこでフリップブックという掌にのるぐらいの小さいカード式のイラスト本も置いてみた。いわゆるパラパラ漫画だ。これだと自身の手がどう動いているのか、即、可視化することができるのだ。

容赦のない場所

試行錯誤を繰り返すなか、ある患者と話していたとき、プロ野球の話になった。一九八五年、阪神タイガースが二十一年ぶりにリーグ優勝し、日本シリーズ初優勝を遂げた時のことだった。関西のタイガースファンにとって、あの年ほど記憶に焼きついているシーズンはない。幅は、その話を聞きながら、「これだ！」と思った。さっそく、その当時発行されたタイガースの写真集を持ち込んだ。患者はとても喜び、会話が弾んだ。皆が甲子園球場の対巨人戦でのバックスクリーンへの三連続本塁打を誇らしく語る。日ごろふさぎがちな患者も、過去の思い出になると積極的に話すことが分かった。

もう一つ気がついたことがあった。

病院のあるエリアが、以前大阪万博の開かれた場所からそれほど遠くない所だということだった。近くには万博公園もある。

「そうか、この辺は万博と縁のある場所だったのか」

今度は、万博の公式写真集を置いてみた。

すると患者が強い関心を示した。

「あ、ここ並んだよねー」

「松下館だわー。ここに行ったとき、親戚の子が熱射病で倒れてもうて」

それまで、あまり口を開かなかった人から言葉が出てきた。いったん口を開くと、話題が芋づる式にドンドン溢れ出てくる。話しながら記憶が甦ってくるのだろうか。懐かしい思い出の力なのかもしれなかった。写真によって脳が刺激されたことは間違いなかった。

文字を読むだけではないビジュアルブックの効果を、幅はこうして確信していった。

木村伊兵衛の写真集『パリ』を並べたこともある。しかし、その写真集はもとより木村伊兵衛のことも誰ひとり知らなかった。

「その時思ったんです。ここは、ふつうの書店の小売の現場とは違うんだと。本屋には、本というもの、本についての知識の文脈が分かっている人たちが来ます。でもここはそうじゃない。容赦のない場所なんです」

容赦のない場所。それは、本というものが、何ものにも守られず、人の目に晒《さら》される所だった。有名作家の小説だからとか、大手出版社の本だからとか、賞を取った作品だからとか、そんなことはなんの意味も持たない場所なのだ。身体に障害を抱え、思うようにならない自分の身体が情けなく、もどかしい。少しでも元の機能を回復したい。本を読んだり、字を書いたり、家族や友人と会話をしたりしたい。そんな切実な願いをもつ患者にとって、興味が持てる本なのか、読もうという気持ちにさせてくれる本なのかということが、最も重要なことだった。

だからこそ見えてくる本の役割が新鮮だった。誰にとっていい本なのか。どこでどう役に立つのか。まったく想像もできない本と人間の関係を、幅はこの千里リハビリテーション病院で教えられた思いだった。

木村伊兵衛のことなどを知らぬ患者さんは、その写真集を見て、こう言った。

「あたしも早う足治して、もいっぺんパリに行かなあかんなあ」

つかう本

のちに、幅は、この病院のライブラリーで体験したことを生かし、『つかう本』（ポプラ社）というワークブックを千里リハビリテーション病院とともに監修、出版している。最大の特徴は、道具として「使える」本だということだ。四十四冊の本を紹介しながら、その本の中から、考えたり、遊んだりできる項目やページを紹介するという構成になっている。ただ読むだけではなく、各ページが、いわば〝頭の体操〟になるような仕掛けだ。

たとえば最初のページにあるのは『せんのほん』。「独特の画風で知られる画家、ポール・コックスがまったく逆の発想で作ったぬり絵絵本」とある。

右側のページには、動物と思われる絵が描いてある。全体が黄色で塗られ、目と鼻の頭だけが緑色だ。これに黒で線を入れて、自由に枠を付けたり、上から線を加えていく。つまり通常のぬり絵と順序が反対になっているのだ。何を描こうが自由。動物とまったく違ったものになってもいい。自ら物語を書いてもいい。

『ぼくらの昭和30年代新聞』（昭和こども新聞編纂委員会編）という本は、新聞のスタイルで、昭和三十年から三十九年までの十年間の主な出来事を箇条書きに紹介。そのときあなたは何歳だったのかを□の中に書き入れるものだ。その年々の出来事を確認しながら、年齢を入れていくと、改めてその当時の記憶が甦ってくることを意図した編集になっている。

詩人の長田弘の作品『深呼吸の必要』の詩とイラストを組み合わせたページも楽しい。見ていてほっとする。

このページには「散歩」という詩が書いてある。

ただ歩く。手に何ももたない。急がない。
気に入った曲がり角にきたら、すっと曲がる。
曲がり角を曲がると、道のさきの風景がくるりと
変わる。くねくねとつづいてゆく細い道もあれば、
おもいがけない下り坂で膝がわらいだすこともある。

これは、何行にもわたる文章を読む練習のための、いわばテキストだ。しかし、読み進めるうちに、詩の中身に励まされるような気持ちになってくる。歩くこと自体を楽しむ。それでいいのだ。それは簡単なようでいて、簡単ではない。だからこそ歩くことを楽しもう。そんな風に背中を押してくれる詩である。

詩の横にはイラストがある。イラストと言っても、□で囲われた空白があり、その真中に小さな家が一つ描かれているだけだ。その横に、「枠の中にあなたの家のまわりの地図を書いてみましょう」とある。

さきほどの詩を読んで、この□の中に、自分の家の近くの地図を描くことができる。身体の自由が利かなくなった人は、どうしても行動範囲が狭まるが、家の周辺を想像し、そこを歩くことを想像することで、ウキウキする感情が湧きあがってくるようなページだった。

こうした、ページごとに思いがけない楽しみや面白さのある本を紹介しながら、どのページも遊び感覚で、ちょっとした課題をクリアしていけるような構成になっていた。リハビリのための本なので、平易な文章で、シンプルな「遊び」が設定されているが、別にリハビリを必要としない人でも各ページをパラパラと見ているだけで楽しくなる。

橋本は、それまで元気に活動していた人にとって、半身不随の状態になることは、周囲から見ている以上に大変なことなのだと言う。

「八十二歳の片麻痺（脳血管系の障害で、半身が麻痺する）の男性患者さんがいらっしゃいます。その方は戦争中、応召されたことがあり、いままで戦場での体験が最も大変なことだと思っていたんです。しかし、病気で倒れて身体の自由が利かなくなってから、これが一番大変だとおっしゃられました。倒れたとき、もうオレの人生は終わった。これから寝たきりになる。それなら死んだほうがましだと思ったそうです。それぐらいショックがある。でもリハビリによって、そんな患者さんが、障害は残っても生きていこうと思えるような気持ちになれれば、七〇パーセントは成功したと言ってもいいと思います」

本を通したリハビリも、患者のヤル気を引き出し、少しでも生きていこうという気持ちになってもらうための、一つの方法として有効だと橋本は確信している。

失敗や発見を繰り返しながら、幅はこの病院の本棚を編集した。ここでの経験は、幅のブックディレクターとしての想像力をさらに広げることとなった。

美容室にライブラリーを　［美容室ＳＡＲＡ］

福岡市博多の中心地、天神。西鉄福岡（天神）駅からほど近く、表通りから少し入った所に美容室「ＳＡＲＡ大名店」がある。そこにも幅が二〇〇八年十一月に作った「ライブラリー」がある。

ＳＡＲＡは、山口・福岡両県で美容室を展開している企業で、ことにこの天神の店は、博多という九州最大の繁華街に進出した店舗として力を入れていた。

店舗面積は七十五坪。店内は広々としていて、町なかにある、一般的な美容室とはまったく違う造りの店だ。サロンのような雰囲気といったらいいだろうか。お茶やコーヒーをそこでサービスされてもおかしくないような、ゆったりとしたスペースがある。その店内の窓際に本棚が備えてあった。高さは二メートル弱。横幅もほぼそれに近い。棚の手前にはテーブルと椅子がある。

本棚は小ぶりなので、冊数は八十と少ない。だが、それぞれが相当に考えて選んだ本ばかりだ。単行本などのほかに、イヴ・サンローランやピカソの写真集、長田弘の詩集や絵本もある。その多くが棚に差すのではなく、本の表紙である「顔」を正面に向けて並べられていた。

棚の仕切りの所には、いくつかの言葉が書いた板が挟んである。「装い」「スタイル」「食も大事」「子どもたちへ」「すてきな生き方」「あの人の一生」……。

幅がセグメントと呼んでいるテーマを表す言葉で、この棚のセグメントは十二。これらに沿って、本が並べてあるのだ。

「あの人の一生」のところには『ピカソとジャクリーヌ〜その愛の叙事詩』（デイヴィッド・ダグラス・ダンカン）やモナコ公国王妃のことを書いた『グレース・ケリー』の本。どんな内容なのか、手に取ってみたくなるが、すぐ横に『スヌーピーたちの人生案内』も並べられていた。思わず頰がゆるむ。

棚を幅に依頼したSARA取締役営業本部マネジャーの田上英樹は、

「美容室に女性が本来求めているのは、美しくなること。しかしそのためにヘア・メイクするのは当たり前のことです。私たちの仕事はそれだけでなくて、ファッションや内面の美を含めて、トータルにプロデュースすることだと思っています。髪型だけでなく、全体をどうコーディネートするか。女性たちの知的な好奇心にどうこたえ、刺激できるかと考えたのです」と話す。

そう考えたのは、他店との差別化をする必要があったからだ。

田上によると、SARAのある博多・天神は、美容室の密集度が日本でも最も高い地区だという。お客からみれば店の選択肢は多く、ありふれた店では淘汰されかねない。そんな激戦区で生き残っていくには、店としての方向性や、顧客とする人たちの層をしっかりと捉え直す必要があった。

天神には、いろいろな町から、幅広い年齢層の女性がやってくる。だが、結婚し、経済的にも余裕のある女性たちが行きたくなるような場所は意外に少ないという。

「そういう女性たちは、天神に来ても百貨店にしか行かなかったりするんです。美容室を替えたいと思っても、若い人の行く店だからと敬遠したりすることも多い。しかし彼女たちは、情報に関しての感度がよくて、いろいろなことに対していつもアンテナを張り巡らしています。ライブラリーがあることで、彼女たちに関心をもってもらい、来店してもらうことができるのではないか。店内で本を手にとってもらい、こんな本もあるのかと感じてもらえれば成功といえるのではと考えたのです」

田上によれば、これまでにも店内に本を置いたことはあるという。しかし、インテリアの域を出なかった。

「でも、本だからこそもっているものがあるのではないか。本は想像力をかきたてる一番の媒体だと思うんです。本を読むと、そのなかで旅人になれるし、物語のなかに同化していくことができる。美容室に滞在している数時間は異次元に飛ぶこともできます」

店のイメージを擬人化する

田上は、知的な興味や関心の高い女性たちの気持ちを捉えるものとして、旅の本をイメージした。

「だからと言って、ふつうの情報誌ではダメなんですね。ふだんはなかなか見られない写真集や、心の豊かさを感じさせるような本を提案したいと思いました」

田上のこの話を裏付けるような話を、複数の女性たちから聞いたことがある。

それは、女性が美容室に行く理由の一つが変身願望だということだ。結婚式やパーティーなどの前には髪を整えたり、気分を変えるために新しい髪型にしたい。そんな気持ちでやってくるお客にとって、美容室の雰囲気はとても重要な要素だ。

また彼女たちは、「質の良い美容室は置いてある雑誌も違う」と言う。駅の売店や、コンビニなどで売っているような女性週刊誌などがあると、どっと疲れる。せっかく、日常を離れてゆっくりとした時間を味わい、「変わりたい」と思って来ているのに、俗っぽい記事満載の週刊誌では、現実に引き戻されてしまうというのだ。だがそこに、京都の美についての特集や、上質の器の写真や、着物、食のことなどについて、しっかりとした記事が掲載されている月刊誌があると、とても豊かな気分になれる。スタイリッシュな海外のグラフィック系の雑誌や、ファッション関連のブランド誌なども同じような気持ちにさせてくれる。「雑誌の格が美容室の格を表す」とまで言い切る。

美容室のヘア・メイクスタッフの人との会話も含めて、美容室でいかに日常と離れた気持ちになれるかは、非常に重要なシーンの一つだというのが感じられる話だった。

変わりたい願望に応える本がある

店にライブラリーを作る、そうは思ってみたものの、どう作っていくのか。田上が考えていたとき、たまたま観たテレビの『情熱大陸』で幅が紹介されていた。

「その時、この人だと思いましたね」

『情熱大陸』は、大阪の毎日放送（ＭＢＳ）が制作する人物ドキュメンタリーだ。さまざまな分野の第一線で活躍する人を密着取材し、素顔に迫り、魅力を描く三十分の番組である。毎週日曜の夜十一時からＴＢＳ系列で全国放送され、一九九八年の放送開始から十五年も続く人気長寿番組だ。

「番組の中で幅さんが、本のない所に本を置いていきたい、本との出会いをいろんな場所で作っていきたい、とおっしゃっていました。それは女性が美しさに出会うという、この店のコンセプトと重なると感じたんです。それで何がなんでも一緒に仕事をさせてもらいたいと思い、お願いしました」

本棚を編集するに当たって、どう本を並べるかも大事だが、その前にどんな本を選ぶかが重要になる。その前提となるのがイメージ作りである。

幅は、いつも本棚を編集するとき、依頼主が求めるものを徹底的に聞きとる。どんな店にしたいのか。どのように変えたいのか。客層はどういう人たちなのか。その人たちに何を提案し、どのような効果を期待しているのか。

SARAの場合、幅はその作業を二日間かけて行った。その時のことを田上はこう話す。

「とにかく一つ話すと、いろいろなことが次々に出てくる感じでした。ふつうは、食事というと、フレンチ、洋食というように発想がつながってきますが、幅さんは、それだけではなくて、何個ものアイデアが出てくるんです。話に終わりがなくて、それぞれの話題がどんどんつながってくる。頭の中はどうなっているんだろうと思いましたね」

SARAでの聞き取りから、幅は一人の女性をイメージすることにした。仮の人間像を作り上げるのである。

年齢は三十二歳、小柄で長い髪の女性。バリバリ仕事をするが、コンビニでは弁当を買わない。休日は旅に出る。仕事に積極的。周囲からはかっこいいと思われている。しかし、すこしおっちょこちょいなところもある。女性らしさも兼ね備えた女性。そんな女性が読んで

移転してリニューアルした「SARA」。サロンのようなライブラリースペース。

いてほしいと思う本は何かと考えた。

そうやって作ったライブラリーの評判は上々だった。

「美容室で本が読めるとは思わなかった」

「この本は売ってないんですか」

「本だけ見に行っていいのでしょうか」とか「本は借りられるのだろうか」というお客もいた。

「本や作家を少しでも知っている人にとっては、離れられない本棚のようです。お客さまと店の若い美容師との会話の幅も広がります。年齢差があると、どうしても無理にコミュニケーションを取ろうとして、気まずくなることもある。でも、白洲正子の本のことなどを話題にするとお客さまが興味を持ったりするんです。

そういう会話のきっかけも作れます」

田上は、ライブラリーを作って本を並べたからといって、すぐに何がどうなるというものではないという。

「費用対効果は、長い目で見ないといけないと考えています。ただ本のもっている魅力がきちんと伝わることで、安心感や、店のコンセプトがお客さまにも分かってもらえると思います」

SARAは、二〇一二年十一月に「SARA BEAUTY ×LIFESTYLE」として、天神の店舗を、これまでのところから表通りに近い筋に移転した。それに伴って店舗面積も七十五坪から百二十坪に拡大。ただ新しい店に移ってもライブラリーは残し、本棚を以前より大きめの物に変更した。幅の選書した本はそれまでと同じように、内容を変えずに並べている。

「やはり、いまの時代、知的なものに関心を持った方が多くなっていると感じています。店にも、自分の本を持ってきて、待ち時間などに読まれるお客さまが増えてきました。幅さんの本棚のことを知って、興味をもってこられる人もいらっしゃいます。写真集などを見て、こういうのが置いてあるのはこだわりがある店なんだと思っていただいているようです。SARAという三十代の人物を設定して、棚を作っていただきましたが、働く女性のための店というイメージが確実に伝わっているようです」

と田上は話した。

夢の実現を手伝う

スルガ銀行ライブラリースペース「d－labo」

東京・六本木の東京ミッドタウンにあるスルガ銀行を訪ねた。ここに、幅が、ディレクションを手がけた「d－labo」というライブラリースペースがあると聞いたからだ。

d－laboは、銀行の窓口があるフロアの一角にあった。セミナーやトークショー、小規模のイベントなどができる空間として、二〇〇七年に作られたもので、静かな落ち着いたスペースだ。銀行を訪れた人は、ここに来て本を読むこともできるし、商談や打ち合わせに使うこともできるように椅子とテーブルも設置してある。銀行に用がない人でも利用できる。

本棚は、ライブラリーの奥にあった。棚の高さは二・五メートルぐらい。五本の棚で構成されていて、さほど大きくはないものの、遠目に見ても存在感がある。

ざっと見渡すと、銀行らしくお金に関する本が並んでいた。だが、それだけではない。環境について書かれた本や漫画も置いてある。普通の本棚とは一味違うのが見てとれた。

幅がこのライブラリーの本棚のために選書したのは、「夢」「環境」「お金」にまつわる本が中心だ。ただ、一つのテーマをとってみても、幅は広い。雑誌『DESIGN with ATTITUDE』で、選書した本の一部を幅自身が書いているので、そこから少し紹介しよう。

その一冊がレイチェル・L・カーソンの『センス・オブ・ワンダー』。これは「環境」に関わる本だが、啓蒙書としてというより、『沈黙の春』で知られる環境学者カーソンが、姪の息子ロジャーと歩いたアメリカ合衆国メイン州の森の体験をもとに記したメッセージ集として、幅は選んでいた。それは、ライブラリーの中のモニターに表示される、本の紹介文を見るとよく分かるのだ。

「自然の中へ出かけて行き、目に触れるもの、耳に聞こえるもの、身体に感じるものすべてに興奮し、喜びを感じられること。それが、センス・オブ・ワンダー。人間を超えた存在を意識し、畏《おそ》れ、驚嘆する感性を大事にしたいならば、毎日見られる夕焼けにまず目を凝らすべきかもしれません」

『日本のガイド　シマダス』という本もある。日本の島のガイドの決定版と言われる本で、ガイドの要素を持ちつつ、文化的なことにも触れている。「環境」と聞いた時に、離島などの島について思い浮かべることはどれぐらいあるだろう。思わぬところを衝かれた感じがした。

お金に関しても、ノーベル経済学賞を受賞したポール・クルーグマンの『クルーグマン教授の経済入門』があるかと思えば、美術家で作家でもある赤瀬川原平の『ふしぎなお金』も並べている。

「お金」というと、グローバル経済とか、貯蓄や株式投資であるとか、キャリアのこととか

スルガ銀行ミッドタウン支店にあるライブラリースペース「d-labo」。

を思い浮かべる人も多いだろう。だが赤瀬川原平は、路上にある一見無意味な物体を見つけて面白がる、どこかとぼけた味を持った作家である。その作家が、お金について書いた本だけに一筋縄ではいかない。

そもそも赤瀬川は、千円札を拡大模写した作品を作り、通貨及証券模造取締法違反に問われたこともある人物。この本そのものが、ただのマネー礼賛、貯蓄のススメみたいなことを書いた本ではないことは想像がつく。なにか、変化球やクセ球が、へなへなと飛んできそうな気配が濃厚なのだ。

こんなセレクトを見ていると、お金と言っても、それは一体何なのか。なんのためにあるのか。そんなことも幅は考えさせたいのかもしれないと選書を見て想像してしまう。

つまり、それだけ本というのは、広がりのある、多彩なテーマを扱ったものが出版されていて、それらの組み合わせによって、とても豊かで、知的な世界に出会えるということを示してくれてもいる。

『就職しないで生きるには』（レイモンド・マンゴー）という、ちょっとドキリとさせるタイトルの本もあった。確かに仕事というのはお金を得るための唯一の手段のように思えるが、「嘘にまみれて暮らすのはイヤだ。納得できる仕事がしたい。そう思って、会社をやめる人が多いと聞く。発売後二十年以上がたった今、新たにこのタイトルが身にしみる時代になっている。どれだけの人が夢を叶えられるのか、叶えようとしているのか、しかも本気で。本書では、著者が様々な職業を巡るのだが、起業する、独立する方法はいくらでもあるようにも見える」と幅は書いている。

銀行の役割を見直す

ｄ－ｌａｂｏは、銀行の文化を表現する本棚と言っていいだろう。だからと言って、幅は〝ありがち〟な本を並べているわけではない。

雑誌『Switch』（二〇〇七年六月号）の中で、どういう棚にするかについて、幅はｄ－ｌａ

boのゼネラルマネジャー、山本貴啓と対談している。その中で山本は、銀行の存在価値が変化していることを踏まえ、新しい価値を提示する必要があったと述べている。

「本屋さんで本にあたるものが銀行の場合は何かと考えた時、それは夢とか、人生、目標、将来、そういうものだと思うんです。銀行に行くことが夢を探しにいくことにもなりますよ、というのはちょっときれいな表現ですが、つまりどうやって生きていくかということを銀行に行って考える。考えた結果、夢の実現のためにお金を動かす必要があれば、その場でそういう機能も付いている。あるいは、たとえばパートナーと出会う、エキスパートを紹介してもらうとか、いろんな実現のための手段ってあるじゃないですか。金融もその一つですよね。そういう形で社会に存在できたらいいなという思いからこのプロジェクトは始まったんです」

山本によると、いままでの銀行のサービスは手段だった。たとえばそれは、レジのような機能しかなかったという。しかしそれだけではお客は喜ばない。いまは税金を払うにしてもコンビニや郵便局を利用する。またクレジットカードも使える。現金が必要になった場合は、ATM＝現金自動預払機もある。電子マネーも登場し、現金のあり方も変わってきたため、銀行が「手段」だけで社会的な存在価値を発揮することができなくなったのだ。そうした時代や銀行を取り巻く状況の変化を踏まえた上で、銀行の役割、価値を打ち出そうと考えたという。

「スルガ銀行は『〈夢をかたちに〉する、〈夢に日付け〉を入れるお手伝い』をミッションとしています。ｄ－ｌａｂｏでは忙しい日常生活の中で忘れてしまっていた夢を想いだしたり、自分の経験の延長線上で考えがちな夢において新たな発見をしたり、夢についてのきっかけ作りをして頂きたい。その中で、お客さまとコミュニケーションをとらせて頂きながら、夢の実現について金融分野に限らず何らかのお手伝いができればと考えていて、そのための第一歩がｄ－ｌａｂｏであると思っています。その中で幅さんの本棚が必要でした」

山本の話の中から感じとれるのは、銀行としての役割の再定義の必要があったということだ。そのための試みの一つとして、ｄ－ｌａｂｏを創り、いわばそれを「見える」形として示すために本棚を作ったと受け取れる。本と本棚が、企業の改革や仕事の見直しをするときに、指針を端的に示すものとして捉えられていたのが興味深い。

幅は、こうした銀行側の要望に対して、こう答えている。

「お金についてこういうスタンスで考えましたということを一言で言ってしまうよりは、いろいろな本の組み合わせによって、そこはかとなくこういうことが言いたいんだろうというアトモスフィアとして伝えたい。何百冊というセレクトを通して、相対的に『こういうことが言いたいのか』ということを伝える。そういう点で言えば、僕のやり方は一緒です」

あるメッセージを伝えるために、一色ではなく、いろいろな色が混ざり合い、織りなした全体的なものとして感じとってもらう。そんなイメージだろうか。これは幅の選書と編集を考える上で、とても大事なポイントのように思えた。

幅の本棚の編集には、周到な下調べがある。それが依頼主に対するインタビューである。目的は何か。顧客はどういう人たちなのか。いままでどういう営業をしてきたのか。会社の最も特徴となる点は何か。これからどうしたいのか。どういう人たちに、何を伝えたいのか。本棚のイメージはどういうものか。聞き取りは一日で終わらないこともある。

「自分の好きな本をただ持っていっても、おせっかいにしかならない」

と幅はいつも言っている。

そういう作業の中から、幅なりの本棚のイメージを作っていくが、その手法の一つが、架空の人物を造形していくことだ。イメージの擬人化である。ある人物像を作り、その人物の性格やライフスタイル、行動のクセ、プロフィール、仕事、一日のスケジュールといったことを具体的に形成していくのである。そして、その人物が関心を持ちそうなこと、大事にしていることなどにつながってくる本を選書する。

ただ、そのイメージの作り方は狭くない。大きな構えというか、こういう人だと、こういう種類の本がだいたい良いのではないかというように「一色」では捉えない。複雑で、多様な人間の奥行きと幅を視野に入れ、さまざまな色を使いながら、本棚に全体的なトーンを与えていくという感じである。

しかし、その幅も、リハビリテーション病院では苦労があった。ふだん健常な人を想定して本棚を作ることがほとんどで、障害を負った人たちの本棚は初めてだったからだ。最初に考えたことは完全に失敗に終わっている。幅の想定を超えるケースだったのだ。

だが、幅は患者と話をし、コミュニケーションをとることで、患者たちにとって何が最も必要なのかということに気づいた。そこから選書をやり直し、さらには、障害をもった人たちのためのリハビリ用の本まで作った。想定外の初めての状況に直面したことから、幅のブックディレクションは、一つの進化を遂げたとも言える。依頼主はリハビリテーション病院だったが、真の読書、真に本と出会う必要があったのは患者たちだったのだ。同時に、本にとって容赦のない現場というものの厳しさも、幅は改めて知ったのだと思う。そういう意味では、ブックディレクションに完成形はなく、常に現場との関係の中で形作られていくものと言っていいだろう。

第二章　幸福なアクシデント

——大学、レストランからのオファー

［東北大学生協　ブックカフェ・ブーク］

大学生協にブックカフェ

四月も下旬だというのに、まだ幾分の寒さを感じたのは、雨が降っているせいだった。そんな中、九十九折《つづらお》りのような坂道を、学生たちが自転車を漕いで登っていく。

宮城県仙台市にある東北大学。ＪＲ東北本線仙台駅の西側にある青葉山を中心として、五つのキャンパスを持つ。なかでも伊達政宗で知られる青葉城址に近い青葉山キャンパスは、広大な敷地に校舎や研究棟など七十近い建物が並んでいる。

その日訪ねたのは、キャンパスの中心部、センタースクエアにある「ブックカフェ・ブーク（book +café BOOOK)」。同大工学部生協が運営するブックカフェで、二〇一〇年四月五日にオープン。いままでの大学生協の常識を破るスタイルの店として開設された。このブックカフェに幅が関わっていた。

起伏に富んだ広大な敷地の中をバスが走る幹線道路があり、そこから坂道を少し登った左手に真新しい建物が見えた。

緩やかなスロープを登って行くと、壁面がガラス張りの円形の建物が見えてくる。古びた校舎や、四角い、あまり面白みのない建物が建ち並ぶキャンパスの中で、そこだけは異彩を放っていた。そこが「ブーク」の入っている生協だった。

中に入ると、フローリングの茶系の床に、真っ白い本棚のラックがズラリと並んでいた。色のコントラストが鮮やかで、一瞬にして店の雰囲気に引きつけられた。広さは一千平方メートル。ブックカフェという名前の通り、店の一角にはコーヒーショップも併設され、とても大学の建物とは思えない、先端的なファッション感覚に溢れていた。

ここの中心となるアイテムは、本である。総冊数二万五千冊。そのうち幅は千五百冊のディレクションを行った。

工学部のブックカフェだから、当然工学関係の専門書が置いてある。だが、それだけでなく、一般の書籍や写真集、漫画なども並べられているのが最大の特徴だ。

中でもメインは「message from book」という棚。「あの人の思索をたどる」「視点の変換」といったセグメントが書かれ、写真集、絵本、小説、古書までが選書されていた。

工学部の学生は、真面目で朴訥な人間が多い。そう言うのは大学関係者。研究や実験に追われ、なかなか専門分野以外のことにまで興味を持てない。興味を持とうにも時間、余裕がないこともある。中には、一日十二時間も研究室に籠って実験をしている学生もいるという。

そんな学生たち向けに選んだ本は、たとえば浦沢直樹の『PLUTO』だ。これはロボットと人間の境界と、その二者が関係を結ぶことの難しさがテーマのコミックだが、ロボット工学を学ぶ学生には受けたようだ。アイザック・アシモフのSF小説の古典なども並べてある。

この棚を見た学生たちからは、「『本を探すのが楽しい』『いままでにない発見がある』」（河北新報）といった声が寄せられるなど評判がいい。学生たちは、いままでになかった「書店」に素直に驚きを表しているということだった。

私が訪ねた日は、オープンを記念した幅のトークイベントも行われ、ブークの店内に、大学関係者や一般の参加者数十人が参加した。

〝ワカサギ釣り〟では出会えない魅力

トークイベントで幅はまず、この店の選書について、「僕は工学のことは分からない。でも既存の並べ方は逸脱してみたかった」と切り出した。

「たとえば、就活コーナーによく見られる『エントリシートの書き方』の横に谷崎潤一郎の『文章讀本』を置いてみる。宇宙について書かれた本の隣に、宮沢賢治の本や、宇宙という極大の世界から、素粒子の極小の世界までを十億光年から十分の一ずつのスケールで分けて

「ブック カフェ・ブーク」の店内は明るくて開放的な空間。

オープン時、「message from book」の棚に本を並べる幅。

見て行くチャールズ&レイ・イームズの『パワーズ・オブ・テン』などの本を並べるといった具合です。なぜそういうことをするかと言えば、知らない本を読む楽しさを知ってもらいたいからです。いまは、情報のとり方がワカサギ釣り的になってしまっている。欲しい場所に穴を開けて、釣り人は糸を垂らして、ピッと釣り上げる。でも、穴同士は関係を結ばない。その情報が欲しい瞬間にボコボコ穴を開けていくだけです。けれど、本当は氷の下の海はつながっているはずなんです。釣り上げた魚以外にも、さまざまな生きものがそこに潜んでいる。無数に広がっている。それを忘れちゃいけないのではないかと思います」

このワカサギ釣りの話は、幅がしばしば口にするたとえだ。ネット通販のアマゾンは、まさにそれに当たるものだ。確実に欲しい本を入手するためには、とても有効な買い方であることはまちがいない。出版から時間が経ってしまって、一般書店では手に入らなくなった本、古書店をいくら探してもなかなかみつからない本。そんな本でも、アマゾンで買えたという経験は誰もが持っているだろう。ネット時代ならではの利便性に感謝したくなる瞬間だ。

だが、幅は、それだけでは本の本当の意味での面白さ、本がもつ世界の広がりや奥深さに出会えないのではないかと言うのだ。

なぜなら、本を読むという行為は、効率を求めることや、目的だけを求めることとは違うからだ。もっと無目的なことだったり、一円の得にならなくとも、面白いから読むのである。それはこれが欲しいから買ったというような、ネットによる一点買いとは違う心の作用だ。

なんとなく本屋に入り、何を買うか目的もなく棚を眺めているうちに、自分では予想もしなかった本やタイトルに出会い、自分の内側に眠っていた好奇心や、冒険心が刺激される。そのときに手が伸びた本がその人にとって「ふさわしい」本だと幅は考える。

「本は、あとからじわじわ効いてくる。この本を読んだら五キロ痩せますとか、効果がすぐに現れることが、人々の生活のプライオリティーになっているところがありますが、本は即効性ではなく、明らかに遅効性の道具なんです。たとえば、失恋をして悲しいときに、本を読んだって、その恋が急に成就し直すことは残念ながらありません。けれど、本のいいところは、そのもやもやした気持ちに言葉が与えられたり、物語の感情と自身の感情を相対化することができたりするところ。自分の心の置き場所が見つかってホッとするんです。さまざまな本を読み、さまざまな感情を通り過ぎることで救われる、というと多分言い過ぎだけど、耐えられた経験は何度もあります。そんなとき、ほんとうに本を読んでいてよかったなと思いますね」

作家の古川日出男が、本の遅効性について興味深いことを描いている。古川は、二〇一一年三月十一日に発生した「東日本大震災」のあと、こう言っていた。

「一時は何も読めない心境になったが、賢治の作品だけはすんなり心に入ってきた。彼は非常時の作家なんですね。こんなふうに、本の有効性は後からくる。その瞬間に有効なことを言える人、行動できる人もいっぱいいる。それも大事なこと。一億円を寄付する人は、その時の希望だったと思う。でも一年もたてばもう何もしなくていい、となってしまう世界に対して、本は後から効く。五年後に読まれ、十年後に読まれる」（東京新聞　二〇一二年五月十九日夕刊）

古川は、福島県郡山市の出身。福島は津波の被災と、それによって引き起こされた東京電力福島第一原子力発電所の爆発事故によって放射能汚染という大きな被害を被った。故郷の厳しい状況を目の当たりにして、宮沢賢治の言葉、文章が心に響き、救われた想いがしたのだ。幅が機会あるごとに強調する「本は遅効性の道具」ということは、こういうことである。

効率的でない本を並べる

ブークの話に戻ろう。幅は、ディレクションの面白さを説明するため村上春樹の本の話をした。

「『1Q84』という本があります。ふつうなら、近くに村上春樹の他の本を並べてもいいわけです。でも、僕はマルセル・プルーストの『失われた時を求めて』とドストエフスキーの『カラマーゾフの兄弟』、それに、ヤナーチェックの『シンフォニエッタ』のCDを置きます」

幅が言ったヤナーチェックの『シンフォニエッタ』は、『1Q84』の「BOOK1」の冒頭に登場する音楽だ。

〈タクシーのラジオは、FM放送のクラシック音楽番組を流していた。曲はヤナーチェックの『シンフォニエッタ』。渋滞に巻き込まれたタクシーの中で聴くのにうってつけの音楽とは言えないはずだ。運転手もとくに熱心にその音楽に耳を澄ませているようには見えなかった。中年の運転手は、まるで舳先《へさき》に立って不吉な潮目を読む老練な漁師のように、前方に途切れなく並んだ車の列を、ただ口を閉ざして見つめていた。青豆《あおまめ》は後部席のシートに深くもたれ、軽く目をつむって音楽を聴いていた〉

小説の冒頭、クラシック音楽が流れているシーンから物語は始まる。それもタクシーの中のラジオの話からだ。興味をひかれる導入だが、『シンフォニエッタ』を聴いたことがなくとも、読者は、そこに流れる音楽を想像するだろう。曲を知っている人は、文章で描かれた都会の、閉塞した空間と音楽を重ね合わせるかもしれない。村上春樹は音楽に詳しい。クラシックにも一家言持っている。さすがだな、と感じる読者もいるだろう。

村上春樹の『1Q84』を一読した人なら、その本の傍らに『シンフォニエッタ』のCDがあったら、手に取ってみるのではないだろうか。

ヤナーチェックは、十九世紀から二十世紀にかけてのチェコを代表する作曲家のひとり

（出身地はハンガリー）。彼のオペラ作品『死の家より』は、ロシアの文豪、ドストエフスキーの『死の家の記録』をモチーフにしていると言われている。プルーストの『失われた時を求めて』は、あることから過去の記憶が呼び起こされていく物語だが、『1Q84』は、過ぎ去った時代を描いたものでもあり、幅がさらりと語った本と音楽を通して、それぞれが連関しあったイメージで、視る者を刺激してくる仕掛けだとも言えるだろう。

司会役を務める、地元仙台のFMラジオ局の女性パーソナリティーが、ブークに合ったテーマは何ですかという質問をすると、幅は即座にこう答えた。

「大学の生協ですから、当然、教科書や学術的な本は大切です。でも僕がやりたかったのは、既存の学部、学科の教育からどうやって一歩外にはみ出るか。ロボット工学のエキスパートも、アトムやプルートゥの悩みを知るべきだし、建築家を目指す学生も『作家のアトリエ』でも読んで、建築物の内側に宿る使い手の痕跡について考えて欲しい。専門的な学びが、どんどん深く狭くなってしまうのに反して、なるべく多くの視点で愉快な本の差し出し方を考えました」

タイトルの連なりで見えること

幅の話を受けて、若い女性から、本を並べるとき、地元色を反映することはどの程度考えているのかという質問があり、幅は「地場をとても大切に考えている、ここが沖縄だとまた違うと思う」と答えた。

「僕の会社に仙台出身者がいるんですが、『工学部は山の上。普段からあそこには行かない』と言うので、そういう場所を、外側へ開くことを考えたつもりで作りました。たとえば山口瞳の『礼儀作法入門』という本がありますが、それを学生に見せたら、すごく面白がってくれました。就職セミナーで教わった礼儀作法とは随分違うと。従来のハウツー本とは違う、人間力の基盤が上がるような感じの本だからでしょう」

別の男子学生からは、本の並べ方についての質問がでた。それに対しては、次のように話した。

「綿密な設計図はないんです。セグメントも初めからすべて決めているわけではありません。本のリストは分かっていても、現物が来ないと考えられない。梱包を開けながら、これとこれを近くに置こうという感じでやっている。その場のノリです。というのは冗談としても、手で置いて、手を使って本を動かしてみないと分からない感覚があるんです。一冊のタイトルだけでは分からなくても、それがいくつも連なると、雄弁なメッセージが見えてくる。独特の雰囲気が出てくるんです。うまく説明できませんが、現場の作業はとても楽しい。書店に勤めていた頃から、人の動線やその日の天気、時間などによって、平台はどうしようかとか考えるのが好きでした。本棚は状況によってくるくる変容していくものだと思いますね」

一冊のタイトルだけではわからない。しかし、それが連なるとメッセージが見えてくる、本は単体の商品でありながら、それだけでなく、他の商品とつながり、関連しあっているということだ。その関係の作り方も、人によって違う。幅は、ある本とある本を見ることで、自分の中のイメージを広げ、確認し、飛躍させ、「世界」を創る。しかし、別の人はまた違ったことをイメージするだろう。人それぞれの興味、関心、好奇心が違うからだ。

いずれにしても大事なことは、興味のある一冊の本だけでは分からないということだ。相互に関連しあうことによって、思いもよらぬ発想や連想が生まれ、新しい創造のイメージを生みだす。それは、幅がよく言うように、足元の氷に小さな穴を開けて釣る「ワカサギ釣り」では分からない「知の広がり」と関わっているように思える。氷の下の水の中に広がる豊かな世界。無尽蔵にある本の世界と出会ってみなければ分からない。そんなことと本棚の編集は結びついている。

ブーク誕生まで

ブークが誕生したのは、大学側からの働きかけがきっかけだった。東北大学生活協同組合専務補佐の伊藤大は、

「改築の時期を迎え、本を選びながら、コーヒーも飲めるようなくつろげる空間ができない

かという要望でした。私たちもそれはぜひ挑戦してみたい。従来の本屋にはない店を作ってみたいと思いました」と話す。

伊藤によれば、建築のアートディレクションを頼んだデザイナーから幅のことを聞いたという。テレビ番組の『情熱大陸』を見て、「ああ、この人か」と再確認した。

というのも、伊藤は出張で東京に行ったとき、後述する「ＢＯＯＫ２４６」や「ＴＳＵＴＡＹＡ ＴＯＫＹＯ ＲＯＰＰＯＮＧＩ」に行ったことがあったからだ。だが、それまでそれらの店に幅が関わっているとは知らなかった。

「私たちも、そういう書店を見て、専門書をどう見せていけばいいか考えていたのです。いま研究も、学問と学問の境界を越えてまたがるような学際的なものが出てきています。たとえば、医工学というのがそうです。手術に使う機械や人口皮膚を研究するものです」

そう言うのは、同大生協工学部キャンパスマネジャーの若柳恒太郎だ。学問そのものが境界を越えて相互に関連しあう中で、これまでの専門分野の分け方によって区分された本の並べ方を続けていていいのかという疑問が生まれていたという。

若柳によれば、ある書店員は幅の編集した棚を見て、自分のブログに「シナプスとシナプスがショートするのを感じた」と書いた。本棚をみることで、知的な刺激を感じとっていることがうかがえる話だった。

背景に大学間競争

このユニークなブックカフェ誕生の推進役となったのが、東北大学大学院教授の小野田泰明だ。都市・建築学が専門で、美術や映像文化の活動拠点として造られた「せんだいメディアテーク」や、横須賀美術館などの建設計画に参画している。

「建築を映画にたとえると、映画監督にあたるのが建築家。僕の仕事はいわば脚本家なんです」

全体の絵柄を描く仕事という言い方もできるかもしれないが、その小野田に大学から、キャンパス改修のプロジェクトが持ち込まれた。

大学は近年、外は国際間の競争、内では少子高齢化の波に洗われようとしている。国立大学の予算も限られ、諸経費も削減される中、大学自ら外部資金を獲得しなければならない時代を迎えている。いまはまだ競争力があるからいいものの、将来を見据えていまのうちから何らかの手を打っておかなければならないという危機感がある。そんな中、大学が二〇〇七年、五十年前に建てた講堂をコンサートホールに改築し、それに関わった小野田に、キャンパス改修を持ちかけたのだった。

計画がスタートする時に大学側から言われたのは、学生の自主スペースがないということだった。ことに大学院生や三年生用の場所はあるものの、二年生はスペースがない。そこで自習スペースを作ってほしいという話だった。

「でも、ただ机が並び、紙コップが散乱しているような所では知的な環境にはならない。しかし、ブックカフェならば、そこで勉強できますし、コーヒーも飲める。街場のスターバックスなどでもそういう光景はごくふつうに見かけますよね。ブックカフェならば運営するソフトウェアも付随してくるのではないかと考えたわけです」

知的な環境を運営できる事業者を選ぶために事業コンペに掛けた。少子高齢化に加え、理系離れがいわれる中で、工学部のキャンパスが、これからも魅力を持って展開できるよう、働いている人の福利厚生のレベルを、知的で楽しいものに引き上げることにも着手した。

「そういう条件設定をうまくすると、物ごとは面白く化けるということを、『せんだいメディアテーク』などで経験していましたので、そこは徹底してやろうと思いました」

著名な家具デザイナーや、ランドスケープアーキテクトの専門家、さらにはアートディレクターにも参加してもらい、チームを作った。事業者を選ぶコンペも行い、大手の書店数店に参加してもらい、結果的に生協が事業主体として決まったという。

ただ、運営はそう簡単ではない。そこで白羽の矢が立ったのが幅だった。

学生の可能性を開くキー

「この大学には、非常に知的な子弟が集まっていて、ポテンシャルがある、しかし、その可能性を開花させるための投資なり、計画が不十分でした。それを打ち破るためにブックカフェをキーにして、可能性をどんどん開いていきたかった。理系は非常に楽しくて、世界へつながっているんだということを体験できる場所を、幅さんと一緒に作っていけないか。そういうことを申し上げたら、ご承諾いただいて、今回につながりました」

理系男子はダサイ。一般的にそんなイメージを持たれていることに、小野田は違和感を覚えていた。

「建築だって、電気だって、物理だって、エキサイティングで、クリエイトなもの。とても面白いんです。たとえば車のCVC＝無段階変速器。どうやって摩擦係数を軽減しながらシュアに作るかという話を聞くと、知的で格好いい。そういうことを一般のひとたちにも開かれたものにしたい。そのための窓として本屋を生かしていきたいし、作りたかったのです」

なぜ、小野田は、それほどまでにブックカフェにこだわったのか。それには理由があった。

小野田は、二十年くらい前、アメリカのUCLA（カリフォルニア大学ロサンゼルス校）に留学したことがある。そのとき、イェール大学のあるコネチカット州ニューヘイヴンの有名な建築やアートギャラリーをよく見に行ったりした。

「ブックカフェがありまして、入ってみたら、お客が売り物の本を棚から取りだして、コーヒーを飲みながら読んでいるんです。それが衝撃的でした。イェールのある町の本屋だから知的な本がずらりと壁一面に並んでいる。これは凄いなあと思って、売り場の女性に、これ見ていいの？　と聞いたら、見ていいと言うわけです。感心しましてね。こういうのを日本でもやるべきだと思ったんです」

知的なものに心を開いていくのに、ブックカフェがどう重要なのか。

「理屈はみんな研究や実験で分かっているんです。でも人間というのは、理屈だけでなく、身体があって、快楽を求める動物だから、美味しいコーヒーを飲みながら、選び抜かれた本が並んでいる知的な空間に浸ると楽しい。そんなことを体験することで、違う方向に心が開いていくことがある。少し下世話《げせわ》にいえば、美味しいコーヒーを飲みながら素敵な彼女と一緒に勉強する。そういう体験をもつことでプライドも持てるし、アドホックな発見というのがあるんですね。行き詰まった時によくカフェに行ったりしますけど、それがここでできるのではないかと思います」

ただ、その時にふつうの本棚や、よくある図書館ではダメなのだ。本棚から醸《かも》し出される好奇心を呼びさます雰囲気が必要だった。その点、幅のセレクションは、専門書の横に、ふだんは気がつかないような本が並べられていたりする。

「いろいろなことを知るほど、幅さんのセレクションが深く読めるようになって、楽しみが増えるんです。僕は理系エリートであっても、社会的教養の広さは必要だと思っています。特に国際共同研究のビジネスでは、最初はいい研究をしているということで、ショートリストが作られます。しかし、それだけではなく、人品とか、その人がどれくらい知的で刺激的で面白い人間か値踏みされるんです。ですからショートリストに残っても、最後に選ばれるのは、人間としての幅が決め手になる。文系とか理系とかは関係ありません」

自分たちの棚を創る

「ブックカフェ・ブーク」が出来てから二年半が経った二〇一二年秋、その後の様子を伊藤に聞いてみた。伊藤は一二年春にブークの店長に就任していたが、この間、東日本大震災もあり、震災後しばらくの間はお客も減り、厳しい時期もあったという。

しかし最近は、落ち着きを取り戻し、再びお客が戻ってきている。ただ、本棚は、当初幅が編集した時とは変化していると言った。

「毎日、毎月、いろいろな本が入ってきますし、お客さんの要望もありますので、そういう声を取り入れながら変えていっています。もちろん、幅さんの棚の編集の方法は生かしています。専門書も、以前と違って、化学なら化学の棚、数学なら数学の棚、マテリアルはマテリアルの棚というような分類、並べ方ではなくて、関連すると思われる本は、ジャンルを超えて横に並べるようになりました」

化学の本の隣に哲学の本を置くときもある。最近はキーワードでつなげていったりもする。荒木飛呂彦の人気マンガ『ジョジョの奇妙な冒険』の展覧会「ジョジョ展」が仙台市で一二年夏に開かれたが、その時には、このマンガに出てくる「黄金比」をキーワードにして、「黄金比」関係の本を棚に並べたという。

「私たちなりに解釈させてもらい、専門書の間に、専門書とは違う本を並べるようにしています。そうしなければ、単なる幅さんの〝おまかせ棚〟になってしまいます。理科系の学部だから、理科系の本ばかりというのではなく、人間の知恵や深さというものに触れてほしい、知ってほしいと思っています」

ブークでは、幅允孝が編集した本棚をそのまま再現し続けているわけではない。しかし、専門書を中心とした棚の中で、幅の編集のスタイルを自分たちなりに生かそうと工夫しているのが感じとれた。

レストランの壁一面を覆いつくす本　［ブルックリンパーラー］

東京・新宿のメインストリート、新宿通りに面したファッションビル、マルイアネックスの地下一階に、「ブルックリンパーラー新宿」が出来たのは二〇〇九年秋。ライブもできるダイニングレストランだ。

大きくて重厚なドアを開けて中に入る。店の広さは、客席数は百五十。マガジンラックも備えられていて、有名な国内外の雑誌も置いてある。

店の中で一番目につくのが入口から見て右手の壁一面、床から天井までの高さの長大な本棚である。レジカウンター付近から奥の突き当たりのところまで、長さは約十五メートル。圧倒的な存在感だ。棚は木製で、削った跡や釘穴がむき出しのまま。廃材を利用して作ったような仕上げ方だ。その無造作な感じが、気取らない、カジュアルな雰囲気を与えている。本棚の前には、木製の大き目のテーブルが四つあり、そこでも雑誌を広げたり、本を読んだりする人の姿があった。

棚には、さまざまなジャンルの本や写真集が並べてある。なかなかに壮観だ。店内の本は約二千五百冊。本は購入することもできる。

ただ、書店の本棚とは分類の様相が違う。単行本、文庫、新書、マンガ、絵本、写真集といった本の種類別ではなく、テーマ別に分けてあるわけでもない。「独自の言葉」（セグメント）による分類がなされているのだ。

たとえばこんな感じである。

「恋と愛の話」「女の生き様」「男の生き方」「運動しよう」「よのなか」「家の中のもの」「アメリカという国」「旅に出よう」「身近に科学」「いろいろ考える」「歴史好き」「家族とわた

「ブリックリンパーラー新宿」では2500冊が選書された。

シックな店内。奥のステージでは演奏やトークショーなども催される。

し」「働こうかな」などとなっている。

こうした言葉からイメージされそうな書物を、小説であろうが、マンガであろうが、写真集であろうが関係なく、同じ枠の中に並べてある。したがって、一つの枠の中に薄い新書もあれば、単行本や文庫もあるし、コミックも揃えてある。箱に入った大判の写真集も一緒に並んでいた。おのずと本の高さはでこぼこになる。本の顔(表の面)をこちら側に向けて並べたものもあるため、棚自体が変化と動きに富んでいる。

それぞれのセグメントで分けられた中に、どんな本があるのか。

たとえば「恋と愛の話」では、『エロティシズム』(ジョルジュ・バタイユ)、『グレート・ギャツビー』(スコット・フィッツジェラルド)、『p・i n k』(岡崎京子)などがあった。「歴史好き」という棚には、『薔薇の名前』(ウンベルト・エーコ)、『戦後エロマンガ史』(米沢嘉博)、『夜明け前』(島崎藤村)、『大奥』(よしながふみ)、『方丈記』(鴨長明)などのタイトルが見える。

読んだことがある本、名前ぐらいは知っている本もあれば、初めて聞く題名の本や、写真集もある。それぞれのセグメントにどう結びつくのか、割り切れるような「解」はない。ただ、一見脈絡のない本のあつまりを見ていると不思議に頭の中が刺激される。いろいろな想いやイメージが湧いてくるのである。ちょっと頭の中がかき混ぜられる感じといえばいいだろうか。

一般の書店では、こんな「分類の枠を超えた」並べ方はほとんどしない。ジャンルや本の種類、あるいは出版社別に分類されるのがふつうだ。だが、そうした並べ方の最大の欠点は面白みに欠けることだ。

店名に使ったブルックリンは、ニューヨークの地区の名前である。ニューヨークは五つの行政区からなっていて、そのうちの一つ。マンハッタン島の東を流れるイーストリバーとニューヨーク湾、それに大西洋に接するエリアで、以前は大リーグのドジャースがここを本拠地とし、「ブルックリン・ドジャース」と名乗っていた（現在は、ロサンゼルス・ドジャース）。ニューヨークのダウンタウンで、かつては工場などの集まった工業地区でもあり、いろいろな人種の人間たちが暮らしていた。

「そういう雑多で、混沌とした雰囲気をイメージさせる店を作りたいと話していたんです」

ブルックリンパーラー新宿のマネジャー、松内孝憲はそう説明する。

気軽に楽しめる文化

経営しているのはブルーノートジャパン。海外アーティストの公演が行われる有名なジャズクラブ、東京・南青山の「ブルーノート東京」を経営している会社だ。

ブルーノートジャパンは、主にライブレストランを運営してきた。それらは、決まった時間にライブを見て、聴いて、食事をして愉しむというスタイルの店だ。海外のトップアーティストを招き、音楽ファンにはおなじみの店である。だが、次第に熱心な音楽ファン以外には訪れにくい場所になってしまったという感触を経営陣は持ち始めていた。

「そこで、もっと気軽に文化を感じられるような店ができないかと考えて作ったのがこの店なんです。食事と酒、そこにどういうエッセンスが必要かと考えたときに、真っ先にあがったのが本でした」

本が持っている多様な要素から何か得られるものがあると考えたのだという。

「本棚があることで、ダイニングレストランとして違う雰囲気を作れます。そういう意味ではインテリアとしての役割を果たしていますが、店の中に本があると、いつもは本を読まない人も、背伸びして読んでみようかという気になるようです」

オープンして三年。初めのころは、ここは図書館？ という感じで、客も戸惑っていたようだ。松内によれば、二年目ぐらいからやっと定着したという。それだけ、馴染みのないスタイルだったのだ。

「大きなテーブルに図面を広げている人もいれば、一日中打ち合わせに使っている人もいます。いろいろな人たちが、なんとなく集まっていて、ピリピリした感じがない。ジャズクラブでは食事しにくい雰囲気ですが、ブルックリンは自由なんです」

そう言うのは、ブルーノートジャパンの企画制作・PR担当の佐々木香奈子だ。

パーラーと名付けたのも、本と食事とライブで「一日過ごせる店」という新しいイメージを持たせたかったからだ。

「幸福な事故」

ただ、本に関して、ブルーノートジャパンは専門ではないため、外の人の力を借りる必要があった。その時に名前があがったのが幅だった。

「幅さんを起用したのは、幅さんの仕事が本棚を作ることだったことはもちろんですが、私たちがやりたいと考えていたこととの相性がとてもよかったからです」

佐々木によれば、考えていたのは、ぶらりと立ち寄って音楽が聴けたり、本を読めたり、サプライズがあるような、偶然何かと出会えるような店だった。目的が定まっていて、決められた時間に、酒を楽しみながら目あてのアーティストのライブを観賞する。そうした従来型の店を「目的性」の高い店とすると、ここは「偶然性」に重きを置いた店である。本は、それを象徴する品目なのだ。

幅はよく自分の仕事の意味について、「幸福な事故を誘発する」ことだと強調する。「幸福な事故」というのは、その人に合った本と偶然に出会うことだ。なにげなく入った本屋で、自分に合った本や思わぬ掘り出し物、場合によっては人生を変えるような本に出会うアクシデントのことである。良い意味で大きな衝撃や感動を与えるような本との出会いだ。それが「幸福な事故」であり、「偶然性」の典型的な例である。書店はそういう「出会い」の場にならなければいけない。アマゾンでは得られない未知の本との「出会い」が書店のもつ魅力だと考えているのだ。

「たまたま見つけた本が、次の本を呼び込んでいくような、ちょうど波紋と波紋がぶつかるように、興味と興味がどんどんつながっていくような感じ。それがものを知る喜びだと思っています」

と幅は言っている。

佐々木は幅の本棚の魅力の一つとして、「ベストセラーや良く知られている本の〝たたずまい〟が他の本屋のそれとは違う」という。

たとえばベストセラーだと、本屋はもっと売ろう、もっと買ってもらおうとして、他の本よりも高く平積みにしたり、何列にもわたってスペースをとって並べたりしている。だが、幅の並べ方はそういう「強要」はしないので、ベストセラーも、そうでない本もさりげなく〝共存している〟というのだ。

「ブルックリンパーラー博多」の店内。

本のたたずまい

そもそも本という商品を主眼とした本屋と、食事や酒、音楽イベントなどと合わせた形で本が位置づけられているブルックリンパーラーとを単純に比較はできない。だが、佐々木が言った〝本のたたずまい〟という感覚は、とても重要なことを示唆しているように思える。それは、本というものが、並べ方によって、まったく違った顔、表情になるということを語っているからだ。

ブルーノートジャパンでは、新宿のブルックリンパーラーに次いで、二〇一二年四月には福岡市の博多に、「ブルックリンパーラー博多」をオープンさせた。新宿は、すでに常連客が来る店として、着実に新宿の街に根付きつつあり、新たな展開を図ったのだ。

ただ、それが博多というのはなぜだったのか。

佐々木によると、出店に際し、なぜ大阪とか名古屋とかではないのかと、さまざまな人に言われたという。

一つの答えとしては、福岡県が個性的なアーティストや有名人を輩出している町であることが大きな要因だという。ミュージシャンの井上陽水、松田聖子、チェッカーズ、あるいはチューリップ。タレントではタモリも福岡の出身。

「言ってみれば、文化発祥の地でもあり、文化交流の場所でもあるんですね。ブルックリンとある意味親和性があるのではないかと思っていました。そこにちょうど、デベロッパーから出店の話をもらったのです」

博多という地場

博多店には「九州にまつわる人たち」という棚がある。佐々木はこう説明する。

「新宿店には、ブルックリンって何？　とか、ブルックリン出身の映画監督であるウディ・アレンとか、ミュージシャンのルー・リード、そしてブルックリンを舞台に多くの小説を書いているポール・オースターなどについてひも解いた本を置いています。しかし博多店の場合は、いきなりダイレクトにブルックリンを打ちだすのではなく、九州、博多という場所を前面に立てて、その上で、ブルックリン的な自由で愉しい雑多感のある本棚を作った方がいいのではないか考えたからです。

才能のあるアーティストを輩出している点などがブルックリンと似ているし、博多という地場の特性を重視してもらいました。眼帯をしていた頃のタモリの本や、久留米のチェッカーズの本も並べています。私のように別の土地から来た人間が、『へえ、九州ってこうなんだ』と関心をもてますし、地元の人たちも福岡の街歩き本や、喫茶店の案内の本を興味をもって読んでくれています。それも九州や博多の魅力を引き出して見せてくれる幅さんの本棚の仕掛け、アレンジの力なのだろうと思います」

博多店は老若男女、あらゆる世代の客が来る。年配の婦人が絵本を探していたり、博多座からの帰りに寄ったという初老の夫婦が、福岡にゆかりのある小説家の本を探していたりする姿を見ていると、「本棚は人を刺激するんだと思う」と佐々木は話す。博多店は新宿店より小さいが、本の売り上げはむしろ多いという。

「開業時には、地場の方々の本を入れて、地元の人に支えてもらう店にしたいという話になったのです。だからといって幅さんに、具体的にこういう本を選んで、というような話はせず、私たちが向かっていく方向を本を介して解釈してくださるという感じでした。私たちが話し合ったプロセスが本になって返ってくる感覚があって、店側としても発見がありました」

音楽とDJと本と

ブルーノートでは、ブルックリンパーラーの本は、売り上げとしてマイナスにならなければいい、というぐらいのスタンスだ。売り上げの柱はあくまで飲食である。そこに音楽やDJ、本が共存している空間であることが重要なのだという。

本を何がなんでも売らなければならない。そう考える店では、ブルックリンのような本の並べ方はできないだろう。売れなければ困るが、一定の数字が出せていればいい、という位置付けがされることで、流行やベストセラーに偏《かたよ》らず、手に取ってもらいたい本、読んでもらいたい本を置いておけるとも言える。

幅は二〇一二年五月二十二日に、ブックリンパーラー新宿の、自らがセレクションした棚の前で、DJスタイルのイベントを行った。お客がそれぞれ自由に食事などを楽しんでいる中で、音楽を選び、本を朗読するものだった。

朗読の前に、ジャズやポップスなどの曲を連続して聴かせた。ジョン・コルトレーンからスタートし、ラップもあればポール・サイモンの楽曲も流された。十曲ほどかけたあと本の朗読を行った。その日、幅が選んだのは、詩誌「荒地」創設メンバーで、戦後の詩に大きな影響を与えた詩人、田村隆一の「美しい断崖」という詩。

「どこにいても美しい断崖は見える」
フランスの哲学者は
そのプロポで語っているが
僕には
断崖そのものも見えない
水平線や地平線
ネパールの草原で月は東に陽は西に
その平安にみちた光景には
心を奪われたくせに
「美しい断崖」にはなってくれない

幅が読みあげる詩が店内に響く。お客は会話をやめ、幅のいるステージに視線をやった。食器の触れあう音や、遠くでかわされる会話の声がザワザワと揺らめく店内で、幅は詩を読み続けた。

ブルーノート東京が発行するフリーペーパーで、幅はライブイベントのことについて語っている。

「たとえば、この本を読んでいる時にはこういう音楽が流れていたらいいなとか、この本が描く世界にはきっとこんな音が鳴っているんだろうとか、そう思うことってありますよね。そういう〝音とことば〟をつなぐ体験を、皆さんと一緒に楽しめたらいいなあと思っているんです」

本を一人の読書という時間の中に閉じ込めるのではなく、日常の生活空間の中に開いていく。同時間の体験の共有を通して、本の持つ魅力、言葉の力を感じとってもらいたいと考えているからだ。

「僕の本業は、〝その場に合った本棚を作る〟こと。新刊本だけじゃなくって、とても素敵な本なのに埋もれてしまっている本をすくいあげたり、一見関係なさそうに見えて、実はどこかでつながっている本を隣り合わせて置いたりする。たとえば哲学書の隣りに漫画があったり……。いわば、棚を編集する作業です。それは音楽の聴き方でも同じ。ジャズにクラシック、ヒップホップ、演歌に民謡。そういう世の中のセグメントを取っ払って、自分が〝いいな〟と思うものをどんどんリンクさせていく。それが僕のやりかたですし、今回のイベントでもそういう落差、雑食感というかレンジの広さが出せればいいなと頭をひねっていますね」

さまざまな所から本棚の編集の仕事が持ち込まれる中で、東北大学工学部生協というのは、なかなか興味深いものがあった。

まず、大学であるということ。それも理工系の専門書を中心とした、ふつうの書店とは異なる、ある分野に特化した書店だということだ。しかも依頼の目的が、専門的なことに「はまり込みやすい」学生の視野を広げるためということだった。そこに、現代教育がぶつかった壁が見える気がした。

日ごろ大学の中で研究に時間を費やすことが多い理科系の学生にとって幅の本棚は、良い意味でインパクトを持って受け止められたようだ。「本を探すのが楽しい」「いままでにない発見がある」という声を地元紙が伝えている。そういう意味では、東北大学の試みと狙いは成功したと言えるだろう。

こういう書店を可能にしたのは、キャンパス改修という大きな枠組みがあり、その中で、従来型の書店ではないものを作りたいという考えが大学側にあったからだ。その一つが、ブックカフェというスタイルの書店だった。

そうしたブックカフェの一例として、ブルックリンパーラーがある。本格的なレストラン・カフェで、非常に迫力のある本棚を備えている。開業から四年半近くがたち、確実に顧客をつかんだようだ。レストランに大きな本棚があり、そこで広い深い本の世界に親しむというスタイルを作った先がけとして、今後の展開は興味深い。

こうした「異質な」分野と本を結びつけることに、幅の編集した本棚は大きな力を発揮する。常識的な分類の棚を置いても、関心は持たれないだろう。つまり本がそこにあればいいというのではないのだ。本がどのようなメッセージを放っているのか。どういう世界観をみせてくれているのか。それが感じとれるからこそ、人々は、その棚に関心を持つのだ。本の声がちゃんと届いているのである。

第三章　風通しのよい本棚

——新しいブックストアのかたち

増え続けるブックカフェ

最近、「本のあるカフェ」が、町のあちこちに増えている。雑誌でもブックカフェの特集を組むことが多くなった。

インテリアの一部として古本を置いている店もあれば、カフェと新刊の本屋が併設された店も紹介している。興味深いのは、それらの店がスターバックスやタリーズ、ドトールといった多店舗展開型タイプのカフェではないことだ。かといって昔ながらの喫茶店でもない。第三のタイプというべきか、〝独立系〟〝個性派〟系の新しいタイプの店が多いように思える。

書店のある場所も繁華街や商店街とは限らない。横丁の奥まった所や、住宅街の中を流れる川沿いだったり、ビルの地下だったりする。目立つ看板もなく、マンションの一室にひっそりと息づくようなブックカフェがあったりする。愛好者しか知らないような感じもまたいいのだろう。

さまざまな場面で「本のある風景」はまちがいなく広がっている。アルコールが飲めるカフェバースタイルの店などにも本棚が当たり前のように置いてあったりする。書店の範疇に入れるのは無理があるものの、本が店のインテリアとして当たり前のように存在し、独特の空間、空気感を創りだしていることは確かだ。

ただ、これらは、あくまでカフェがメイン。本は売り物ではなく、インテリアだったり、カフェとしての「格」や個性を打ち出すためのアイテムとして求められている側面が強い。

一方で、本屋の中にカフェを併設するスタイルの店も少しずつ増えてきた。

その一つが日本一の書店街として知られる東京・千代田区神田神保町で創業百二十年の老舗《しにせ》書店として知られている東京堂書店だ。二〇一二年にそれまでの売り場を大幅に改造し、ブックカフェスタイルの店として改装オープンした。

道路に面した一階から三階まで「ペーパー・バック・カフェ」という名前のカフェが入っている。照明を抑えた店内。内装は茶系のシックで落ち着いた色合いで、大人の本屋という雰囲気を醸し出している。

窓際はカウンター席になっていて、パソコンを持ち込んで仕事ができるように、コンセントも設置してあった。なかなかの人気のようで、昼間、席はほぼ埋まっている。

東京堂書店は以前から、本好きや作家などの間で本の品ぞろえがいいと評判がよかった。大きすぎず、小さすぎずのちょうど良い広さの本屋として人気店だったが、ブックカフェスタイルの店として生まれ変わったのは注目していいだろう。

伝説的なブックカフェ　［TSUTAYA TOKYO ROPPONGI］

こうしたブックカフェスタイルの先がけとなったのは、東京・六本木ヒルズにある「TSUTAYA TOKYO ROPPONGI」だ。二〇〇三年にオープンした大型のブックカフェである。

森タワーからテレビ朝日前のけやき坂を下っていくと、広い通りと合流する。その右側の角にある。通りに面した側は天井までガラス張りで、店の前はテラスになっている。入口を入るとスターバックスがあり、その奥にTSUTAYAの書店スペースが広がっている。スタバのカウンターの前は円形のスペース。テーブルと雑誌のラックが設置してあり、コーヒーなどを飲みながら客が思い思いに雑誌を読んでいる。

本の売り場は、単行本、文庫、新書、写真集、美術書、建築関連の大判の本、絵本やマンガが、混然一体となった感じに並べてある。ジャンル別ではなく、テーマ優先で配置されていて、単行本も文庫も、写真集も絵本もマンガも、同じ棚にあった。だから、店内に入ったときに受ける全体の雰囲気がにぎやかで、一般的な本屋とはまったく違う印象を受ける。カフェと書店が一体化した空間の作り方も、一般書店と異なる雰囲気を醸し出している大きな要因だ。

オープンしてからすでに十年になり、ブックカフェスタイルの店としては、「伝説」的な店である。

この店の本棚の編集を担当したのは幅だった。

幅が当時所属していたのは「ジェイ・アイ」という編集プロダクション。後述するように『ポパイ』『ブルータス』の編集長として知られる石川次郎が主宰している会社だった。TSUTAYA TOKYO ROPPONGIの本にまつわる企画・選書を担うことになった石川は、以前六本木の本屋で働いていた幅を担当者に任命したのだった。ここでディレクションした本は一万五千冊にも上った。圧倒的な量である。そんな膨大な量をセグメントに従って並べていく作業の労力は想像を超えている。

小説、ノンフィクション、単行本、文庫本、新書、写真集、雑誌、コミックなど、本の種類一つとっても幅広い。作家も、日本の作家と海外の作家に大別される。

だが、幅の「本棚の編集」は、そういう括《くく》りではない。政治、経済、文学というようなセグメントでもない。

恋とか、美味しいものとか、宇宙とか、自然とか、冒険とか、もう少し人の日常生活により添ったセグメントである。そして、そんなテーマに沿って、内外の関係する本や雑誌、写真集などを集めて一括りにする。それには本についての相当な知識が必要だ。さらにそれらをどう並べ、見せていくかの「デザイン」のセンスも重要になってくる。

「ただ単に本を選び、本棚に並べていくのではなく、『その一冊』が最も輝くように棚を演出し、POPやサイン計画など、視覚のコミュニケーションの領域まで考慮して本を置いていかないと誰も手に取ってくれない」

と幅は言う。

仮に、自分の本棚で「編集」をするとどうなるか想像してみたい。どれを選び、どの本と組み合わせるか。考えるのは一見楽しそうではあるが、一冊の本にもいろいろな側面、性格がある。多くのセグメントを作るほど、組み合わせや分類の可能性が広がって、収集がつかなくなってくる。本の絶対量が増えるほど、棚作りのポイントは「拡散」するのだ。

一冊の本のどの要素、どんなところ、どのようなイメージを、どう使うか、どこに位置づけていくか。面白い作業かもしれないが、量が量だけに相当大変な仕事だということは想像されるのではないだろうか。

幅が他のスタッフの助けを借りながら、このTSUTAYA TOKYO ROPPONGIの本棚の設置に要した日数は、二週間から三週間。本を選んで集める作業段階からだと半年以上の時間をかけたという。

労力はかかったが、反響は大きかった。まずそれは売り上げの数字に表れた。

「TSUTAYA TOKYO ROPPONGI」のオープン時の店内。

日本で初の本格的ブックカフェとして話題になった。

居心地の良さ

ＴＳＵＴＡＹＡ・ＦＣ事業本部商品本部コミックＭＤ・調達チームのチームリーダー、伊倉奈夕によると、

「当初目標一三〇パーセントの売り上げ。客単価は他店の三〜四倍になりました」

理由の一つは「店の居心地の良さ」だという。

ＴＳＵＴＡＹＡに行ったことのある人は分かると思うが、一般的な街場のＴＳＵＴＡＹＡはＤＶＤやＣＤレンタルと書店が併設されていて、売り場面積は限られている。だが、ＴＳＵＴＡＹＡ ＴＯＫＹＯ ＲＯＰＰＯＮＧＩは他とはまったく違っていた。

角地を生かして、店は半円形にデザインされている。店前のスペースを広くとり、オープンカフェを設けた。店の売り場面積も広く、曲線を生かしたデザインのせいか、店内の雰囲気が柔らかな印象を受ける。テーブルやソファでは、コーヒーなどを飲むこともできる。テーブル席の客は本や雑誌を広げているが、それらはみな書店の商品だ。

これは他の書店と大きく違う点だった。コーヒーやジュースなど飲み物をこぼして、商品を傷つけてしまう可能性があるため、ふつうの書店では商品である本や雑誌を読みながらの飲食は原則的には許されない。

近ごろでは購入前の本を持ちこめるブックカフェは、ＴＳＵＴＡＹＡ系の店をはじめ全国

に増えてきたが、TSUTAYA TOKYO ROPPONGIが開業した当時としては、かなり思い切ったスタイルの店だった。

伊倉によると、商品が汚されて困ったというようなことはほとんどないということだった。客は自らに自由を与えられれば、その分、その場を自主的に気をつけて使うのである。

商品を自由に棚から持ち出して、思い思いにコーヒーを飲みながら読める書店というのは、客にとっては魅力的だ。自由さが本を選ぶ気持ちをさらに後押ししている感じがある。日ごろ、本をそれほどたくさんは読まないという人でも、店内の開放的な雰囲気に影響されて、本や雑誌を眺めたり、拾い読みしたくなるのである。

客単価は三〜四倍

店の雰囲気を作っているのはやはり棚の魅力だった。

キーワードは「トラベル」「フード」「デザイン」「アート」。それぞれの要素が混ざりあっていて、どんなセグメントのものでも、心が浮きたってくる感じがする。

食べ物の関連のところに、さりげなく置かれていた宮沢賢治の『注文の多い料理店』には思わず手が伸びた。ふだんは忘れている記憶が蘇《よみがえ》ったり、思わぬ本や写真集と並べられることで、想像力が刺激されたりするのだ。ほっとしたり、気持ちが軽くなったり、発想が閃いたり、なるほどと膝を打ちたくなったりした。棚の前に立って表紙や背表紙、タイトル、イラスト、写真などを眺めているだけで、ああ、こんな本があったな、などと感慨にふけったりする。そういう時間の中で心が軽くなっていくのが分かる。

他の棚はどうなっているのか。何が置いてあるのか。棚から棚へと逍遥し、手に取って眺めたり、ページをめくったり、読みふけったりしているうちに、あっという間に時間が過ぎてしまう。そういう感覚は、ふつうの書店ではなかなか味わえない。

本やセンスのいい写真集などの間を歩いていることがこんなにも心地いいものかと気づかされた。同じ本なのに、並べ方によってまったくこちらの気持ちのありようが違ってくる。

オープンから数年後に、家族（妻と娘）と一緒に訪れたことがある。二人は、あっちの棚を見、こっちの棚で雑誌に読みふけりといった具合で、時間の経つのも忘れた感じで歩きまわっていたが、結局二人とも本や雑誌を数冊ずつ抱えてレジに行くことになった。棚が楽しいと書店にいること自体が楽しくなる。滞在時間も長くなり、それによって購買意欲も上がるのだ。伊倉が言ったように、客単価が他の店の三〜四倍になるというのは、実感としてわかった。

なぜこうしたことが起きるのか。文字や写真などの情報によって知的な刺激を受けるからだろうか。しかし、それならば他の本屋も同じことだ。だが、一般の本屋は、必要な本を買うために入る場所ではあっても、そこにいること自体、それほどワクワクさせられる感じはない。文字や写真は、ただ並べておけばいいというものではなさそうである。何が違うのかといえば、分類の仕方と並べ方だ。幅のディレクションの要諦は、まさにそこにある。

連想が連想を呼ぶ

たとえば、料理の本を探していたとしよう。たまたまパスタの作り方について書いた本があった。中を開けると、パスタの写真が誌面一杯にレイアウトされている。それを見ておいしそうだなと思う。人はその瞬間、いろいろなイメージを膨らませる。

パスタだとイタリア。海産物が豊富だ。地中海やエーゲ海もある。ギリシャ、神殿、神話の世界にも近い。ラテン文化、カンツォーネ、ルネサンス、ローマ、ローマの休日、カエサル、白い家、青い海、太陽、イタリア映画、サッカー、エスプレッソ……。というぐあいに、いくつもの事柄、要素が連想されるだろう。ごくごく一般的イメージばかりだが、それでもパスタから連想され、派生していくものは結構な数に上る。時間を置いて考えれば、さらに広がりが出たり、数も増えたりするだろう。

もちろん、ふだんは、そんなことをいちいち言葉にしたり、考えたり、順を追って思い出したりはしない。しかし何かのきっかけでそれらが、次々と連想されてくることがある。

そのきっかけとなるものが、たまたまパスタの作り方についての料理本だということである。

きっかけとなる言葉は、イタリアでもいいし、エーゲ海でもかまわない。映画の『ローマの休日』でもいいのである。

何かの言葉によって、自分の中に眠っていた記憶や、感情が引き出されてくる、本のタイトルや装丁によって刺激され、旅への憧れや思い出が甦る。その時、ふと目に入った別の本や写真集が、文学や歴史についての自分の中の関心に火をつける。イメージはさらに増幅する。TSUTAYA TOKYO ROPPONGIの棚の前で受けた印象を言葉にすると、そんな感じだった。

TSUTAYAコミュニケーション推進室広報チームの大城莉は、客単価が三〜四倍になったのは、活字が好きな人だけでなく、「コミックや文庫を読みたいというようなお客さまにも居心地がいいからでは」と言う。

「陳列や選書が難しくないんです。建築の本なんかもハイレベルではない。ちょうど良い頃合いというのか、わりと気軽に買える気がするからだと思います」

幅は日本の本だけでなく洋書についてもよく知っていた。ドイツ、イギリス、アメリカなど幅広くカバーしていたという。また本の知識だけでなく、どこの取次にこんな本があるということも頭に入っていた。

「売れる本をよく知っています。一方でロングセラーにも詳しくて、多くの人に楽しんでもらいたいという感覚が、私たちにとても近いものがありました。だから、本の並べ方のバランスがいいんです。とてもニュートラル。条件が多ければ多いほど、バランスがとれる感じでした」

本好きが往々にして陥りやすい偏った選書ではなく、多くの人がさまざまなテーマに関心を持てるようなポピュラリティーを持った水準で、専門書からコミックまで集め、それぞれの棚で一つの世界観を作っていく。幅にはその辺のバランス感覚があるようなのだ。

「ビジネスとしての事業性、生活提案型の書店というコンセプト、そしてデザイン。この三つの課題をうまくつなげてくれました」

大城はそう評価した。

このTSUTAYA TOKYO ROPPONGIこそ、幅の名を広く知らしめるきっかけとなった店だった。

旅の専門書店　［BOOK246］

「気持ちが良くて、ストレスを感じない」

幅の本棚をそう表現した人物がいる。幅のトークショーの企画を手がけたことのある、埼玉県川口市立映像・情報メディアセンター「メディアセブン」ディレクターの氏原茂将だ。

一例として挙げたのが、東京の南青山にある「ＢＯＯＫ２４６」である。

「神保町の書店にいくと、もう暑苦しくて二分と居られない。だけど、ＢＯＯＫ２４６は押しつけがましさがなく、とても気持ちが良かったんです。ゆるーく、本を薦めてもらっている空間の感じがします」

氏原が「気持ちがいい」と言ったＢＯＯＫ２４６は、旅をテーマに、二〇〇四年に開業した書店。特徴は旅に関わる本をアジア、北米、南米、ヨーロッパといったように大陸別にセグメントしているというのだった。新刊の本だけでなく、古書も一緒に並べていた。本と一緒に文房具や雑貨も売っていた。

場所は東京・港区南青山一丁目。通称「２４６」（青山通り）から青山ツインビルの裏手、南側に入ったところにある。

小さな書店だ。入口を入ると平台があり、奥の棚にズラリと本が並べられている。店内は比較的天井が高く、広さの割に充実した印象だ。照明を少し暗くしてあり、店内は茶系の色でコーディネートされていた。落ち着いた空間だった。面白いもので、個性的だったり、魅力のある本屋というのは、外観や入った瞬間の雰囲気ですぐにわかる。新刊中心、取次に頼った本ばかりが並べられた書店は、どこか味気ない感じの店が多い気がするのは私だけだろうか。

しかし、長く支持されてきた本や、あまり売れなくても、著者が長年時間をかけて調べ、書き上げた著作、編集者が精魂込めて作った本というのは不思議な味わいがあるものだ。タイトル、装丁、紙が特別他の本より優れているというわけではない。ただ、読者が時間を掛けて読み継いできた本は、独特の「気」を放っている気がする。

ついつい、いろいろな本に手が伸びる。私は、その店でアメリカの作家、ジャック・ケルアックの『路上』という文庫本を手にとった。第二次世界大戦後まもないアメリカで、やり場のない衝動や怒り、屈託を抱えた若者が国内を旅して回る。そのときに見たり触れたりしたことを、ストレートにぶつけた、一種の「紀行文学」でもある。

『路上』を選んだのは装丁が気に入ったからだ。濃い青色をベースに、「SUNBEAM」というモーテルの看板が真中に大きく描かれている。後ろに建物らしいカットと、ヤシの木や街路樹風の絵がコラージュされていた。タイトルの「路上」という文字が左上に白で抜いてある。ジャケットをひと目見た瞬間、理屈抜きに、「ああ、いいな」と思った。いかにもアメリカの雰囲気だ！　と感じたからである。いわゆる「ジャケ買い」である。年がいもなく、高校生か中学生みたいな買い方だが、装丁に惹《ひ》かれて買うというのも、本という商品の面白さの一つだ。中身も魅力があるのだが、なにより、外の「顔」に一目ぼれしたというわけだ。

そんな個性的な旅の本が、エリア別に選り分けられて棚に置かれていた。眺めているだけで、旅心をそそられた。海外や長期旅行に行く余裕がなくても、本を手に取り、想いをめぐらすことだけでも十分楽しめる。結局、その日私はそこで何冊か買ってしまうことになった。

体験と結びついた本

幅とともにこのＢＯＯＫ２４６の立ち上げに関わったもう一人の人物がいる。本のセレクトショップの草分けとして知られる「ユトレヒト」代表、江口宏志だ。

ＢＯＯＫ２４６では、幅が新しい本を選書し、江口は自費出版や希少本など、インディペンデント系の本の選書を担当した。

江口はＢＯＯＫ２４６に関して、「こういう本屋は大きな書店があるからこそ成立するところがあります。しかし大きな本屋とは違うことが大事なんです」と言う。

江口は明治大学経営学部を卒業後、通信販売の会社に就職したことがある。そこで体験したことと、ＢＯＯＫ２４６などのセレクトショップには共通点があるという。

「通販の会社では、何が最初に決まるかというと、まずこれを売りたいという商品なんです。書店について言うなら、僕らの仕事は、売りたい本をはっきりと読者に見せるということ。だけど、いまの書店では、他の業界では当たり前のことがうまくできていない感じがします。そんな中で、売りたいという本を分かりやすく見せているのが僕らの仕事なんだろうと思い

オープン時の「BOOK246」の店内。旅心がくすぐられる仕掛けがいっぱい。

ます」

もちろん、書店も取次もいろいろ努力はしているはずだ。

「ただ、それがお客さんに伝わっているかどうかは分からない。本来バイヤーはそんなに目立ってはいけないものです。作り手と買い手がなんの違和感もなくつながるのが最も自然で美しい。でも、残念ながらそうなっていないために、間にいるバイヤーが頑張っているという状況があるのだと思いますね」

江口は、編集という言葉があまり好きではないと言う。

「最近よく使われるんですが、編集からは編集しか生まれないと思うんですよ。何かそれ以上のものが生まれるのだろうかと思います。でも自分の体験と本を結びつけていくことをすれば、お客さんに伝わるような気がします。幅さんはそれができているんだと思う。本の内容の一部でも好きなところがあれば、それだけでその本を語れるし、出版社についても話したりすることができますから」

本と本の間

BOOK246で、私と同じように旅情をそそられたという人物がいる。建築家の中村拓志だ。中村は一九七四年生まれ。七六年生まれの幅とほぼ同世代である。氏原とも年齢的には近い。

明治大学大学院理工学研究科博士課程を経て隈研吾建築都市設計事務所に入所。二〇〇二年、二十八歳で独立。日本建築家協会賞や新建築賞などいくつもの賞を受賞するなど、気鋭の若手建築家の一人である。

中村はその後、幅と一緒にいくつもの仕事をすることになるのだが、BOOK246を初めて訪れた時は、まだ幅の存在を知らなかった。

「本の並べ方一つで、こんなに旅先の風景が見えるのかと思いました。それぞれの地域の歴史を物語る風景を見て、何を感じるか。そんな旅の魅力が本を通して滲《にじ》みでていたんですね。だから、本四冊とTシャツを買いました。それだけで楽しい気持ちになれる。ワクワク、ドキドキする。それが買い物をする醍醐味なんじゃないかと思います」

中村はその時、棚のディレクションから、本の選び手の知性が垣間見えたという。「本と本の間に張っている線、リンクが見えたんです」。やみくもに、いろいろな本を並べてもそうはならない。文脈というものがあるのだと言う。

中村は、BOOK246のあとに幅が手がけた東京・原宿の本屋「Ｋｕｒｋｋｕ」は、さらに進化していたとも語った。

「小説、マンガ、レシピ本といろいろな本が混ざり合って、そこにいるだけで、よだれが出そうになりました。本を眺めているだけなのに味わっている気になってくる。振り向くと、チョコレートや、ちょっとつまめる食べ物が売っていて、コーヒーも飲める。彼は、そこを本屋という視点ではなくて、旅とか食とかの体験がもっている豊かさ、楽しさをどう作るかというところから発想しているんです。だから本の配列のデザイナーではなくて、コミュニケーションデザイナーなんです」

本棚の編集は、本を売るためだけでなく、本を通して何かを楽しんでもらうための仕事。本があれば、その楽しみ方がより豊かになる。結果的にそれは本の魅力の見直しや発見につながっていくということでもあるのだ。

年代別の棚　［SHIBUYA PUBLISHING&BOOKSELLERS］

TSUTAYA TOKYO ROPPONGIの成功でブックディレクションの力を示した幅は、その後いくつもの本屋の棚を手掛けるようになっていく。

その一つが、東京・渋谷の「SHIBUYA PUBLISHING&BOOKSELLERS」（以下シブヤパブリッシング）だ。

JR山手線渋谷駅から、センター街のある繁華街を抜け、NHKのある代々木方面へ向かう商店街にある。

ここは、他の書店と一風違っている。出版社と一体化した本屋なのだ。店名にパブリッシ

「シブヤパブリッシング」では、オープン時、年代別に棚が設けられた。

ングと付いているのはそのためである。

入口はガラス張りで、スマートな雰囲気がエントランス全体から感じられる。店内に入ってまず目を引くのが、奥行きのある縦長のスペースだ。店の奥に編集スペースとなる部屋があり、売り場とはガラスで隔てられているものの、仕事場の様子が見える。本や雑誌を「作る場所」と「売る場所」が一体化しているというイメージが、独特の印象を与えていた。

営業を始めたのは二〇〇八年一月から。オープン時に、幅は本棚の編集に関わった。

同社業務執行代表の福井盛太は言う。

「幅君の選書は、いい意味で俗っぽいんですね。たとえばアートブックのようなカテゴリーの本の横に『あしたのジョー』が並んでいる。誰もが知っているアイコンをうまく混ぜるんです。極端な話、本好きの人たちが好きな本だけが固まっていると、年間に本は数冊読むけど、それほど本は好きではないという人は振り向かない。でも私は、店を本好きだけの閉じた空間にしたくなかったんですね。そうではなくて、たとえばビートたけしの本も一緒に並べてあるような店。まさにそれに近い仕事をしているのが幅君でした」

福井が幅を知ったのは雑誌がきっかけだ。自分が作りたいイメージの書店にするには、選書のできる人間が必要だった。そこで東京・世田谷区八幡山にある、雑誌の図書館、大宅文庫に行って、関連の雑誌に当たり、幅の存在を知った。福井はさっそく幅の会社であるBACHのホームページを見て、企画書を送り、幅と会った。

「話をしたら、幅君はすぐにこちらの意図を理解してくれました」

ただ、当初、幅が提案してきたのは、旅や夢をイメージさせる棚だったという。

「それもよかったんですけど、僕はもっと直球でいいと思ったんです。たとえば年代とは何かというようなテーマです。そこで、一九四〇年代から二〇〇〇年代まで十年ごとに分けた棚にしようと考えました。でも、年代ごとに、その時代に出版された本を並べても博物館と同じようなものになる。もっとその時代の価値観が反映した棚にしようと思いました」

福井が言うには、いま活躍している作家でも、八〇年代をルーツにしていると感じさせる人がいたりする。その場合は、その作家の現在の本も敢えて八〇年代の棚に入れるというものだった。一例を挙げれば作家の林真理子の『葡萄が目にしみる』という作品だ。その後、たくさんの小説を生み出した彼女だが、その起源が八〇年代のあの作品にあったと考えたゆえに、彼女は八〇年代の棚に並ぶこととなる。一方、現代の社会問題とリンクしているように思える作家ならば、仮に一九五〇年代に活躍した場合でも、二〇〇〇年代の棚に並べた。

「棚には、かつて読んだことがあっても、いまは読まなくなった本なども入れたいというようなことを、幅君とやりとりをしたのですが、それに対しての響きが断トツにいいんです。仕入れのルートも知っているし、こんな面白い本がある、とパッパッパッと本の話が出てくる。こちらがついていけないぐらいの速さなんです。本のリストもすごいスピードで出してきました」

福井は、町の中の小規模書店についてこだわりを持っていた。というのは、以前ニューヨークで生活していた時期があり、そこで、日本とは違うスタイルのさまざまな本屋を見て歩いたことがあったのだ。

「海外の本屋って、町はずれの本屋でも、朗読会をやっていたりとか、小さなイベントをやっていたりとか、深夜にも営業していて学生さんでにぎわっていたりするんです。特にニューヨークのダウンタウンなどは元気な本屋があります。東京は、スーパーマーケットのような本屋はあるんだけど、ちょっとはずれのダウンタウンのような場所の本屋が元気がない。なんかもっとメジャータウンの近くに、元気のある本屋があるといいなとずっと思っていました」

しかし、日本で小規模の書店が生き残っていくのはなかなか大変だ。そんな中で考えたのが個性的な本屋にするための「編集力と提案力」だったという。

売り場から編集スペースが見える造りになっているのも、理由がある。

「やっぱり書店と出版社が一体化しているというのを視覚で見せないと意味がないと思いました。活気のある本屋が本を作っていることを、パッと目で見て分からせたかったんです。そばを打っているところを見せる蕎麦屋がありますが、見ている人は、ああ、この店では作りたてが食べられるんだなと思う。それが立ち食いそば屋との区別化ですよね。そう思ってこういう形にしたんです」

シブヤパブリッシングの客単価は、ふつうの店の約三倍。特徴は若い人たちが比較的多いということだった。

その後、シブヤパブリッシングは、何度か棚のスタイルを変えてきた。現在同社のCEO（最高経営責任者）である福井に聞くと、棚を維持していくメンテナンスがなかなか大変で書店員の負担も大きく、事業として成り立たせるために棚の作り方を模索してきたからだという。

「私たちは、お話ししたような書店を目指す一方で、ビジネスとしていかに成り立たせるかという二兎を追っているところがあります。事業としてのリスクも負っているので、自然と棚も変えなくてはいけなかったということです」

シブヤパブリッシングとして、書店の独自性と採算性のバランスの中で、棚は変わっていくということだった。


本屋の本棚は本屋が作るもの。それが当たり前のことだと思っている。しかし、現実は厳しい。いまではバイヤーもいなくなり、取次からパターン配本されたものをただ並べ換えるだけになってしまっている。売れればラッキー、売れなければ返本すればいいという、意識の低下を招いてしまっている本屋も多い。それでは未来がないし、面白くない。そう考える書店や書店経営者が、ある時期から登場してきた。

なぜ、そういう現象が起きてきたのか。そこには出版業界が抱えこんでいる問題がある。

書店には毎日、取次を通して膨大な量の本が届く。出版科学研究所の調べによると、二〇一〇年の新刊出版点数は七万四千七百十四点。前年比四・九パーセント減となっている。一日に二百点あまりの本が生みだされている計算になる。一点当たり数千部から多い本で数万部。つまり単純に一点あたり五千部と仮定しても、二百点×五千冊。計百万冊が毎日全国の本屋に配本されていることになる。

書籍の出版点数は、一九六〇年代半ばから、二〇〇六年頃まではほぼ右肩上がりで推移してきた。その後、〇七、〇八、一〇年は前年比減で一時の〝勢い〟には陰りが見えたものの、本の出版点数は全体として増加傾向にある。だが実体は、前の本の赤字を後の本で埋める「自転車操業」が作りだした現象である。一点一点の本がなかなか売れないため、点数を多く出し、売り上げを確保しようとする。各社がこぞってそうするために、本屋には本があふれ、本が本屋に並ぶ時間は短くなる。少しでも「動きが悪い」＝「売れない」と、他の本にとって代わられるのだ。一部の本を除いてたいていの本がそういう運命をたどる。「POS」システムの発達で、売れ筋かどうかを細かくチェックして、短時間で売れない本は、どんどん返品されるようになってしまった。その結果、出版点数が多い割に、似たような本ばかりが店頭に並ぶようになる。大型書店になるほど搬入される本の量が多いので、従来型のジャンルに仕分けるだけで手いっぱいとなる。

つまり、本屋の店頭に魅力がないのは、本屋だけに問題があるのではないのだ。版元、取次、本屋という、出版・流通業界全体の構造やシステムの問題が横たわっているのである。本を選びにくい。欲しい本が見つからない。小さな本屋には売れ筋の本でさえ配本されない。本屋に行ってもストレスを感じる。そう思った読者の足が本屋から遠のくのも仕方がない。

しかし、小規模書店では、魅力的で面白い本棚を作ろうとすればできる。幅のディレクションが求められる背景にはそんな事情がある。

「気持ちが良くて、ストレスを感じない」

幅の本棚をそう表現した、イベント・コーディネーターの氏原は、

「本を大量に所蔵している図書館と、アマゾンの中間的な位置に幅の選書がある」と言う。

幅は、いかにして、こういう仕事をするようになったのか。どこでそういう能力を身につけたのだろうか。実はブックディレクターという職業は、自分から求めたのではなく、期せずして見つけた仕事だったのだ。そしてそこに至るまでは紆余《うよ》曲折があった。

第四章　ブックディレクターの誕生

――ロスジェネ世代の新しい価値観

本をツケで買っていた少年時代

「小さい時から見ていますのでね。いまの仕事は納得できる気がします。きっと本人は面白いんだろうと思いますよ」

そう言うのは、幅の父、勝俊だ。元大手ビール会社の社員。いまは退職して鹿児島県で悠々自適の生活をしているが、現役時代は愛知県津島市に住んでいた。名古屋市に隣接する町だ。

幅はそこで一九七六年に生まれている。勝俊と、妻のみどりは二人とも無類の本好き。「家の中に本が当たり前のようにあり、本を読むのは日常的な家庭」だった。

幅も幼少期からごく自然に本と親しむようになった。

小学校に入ってからは、両親から小遣い以外に、本代だけは特別にもらっていた。「本ならばいくらでも買っていい」と言われ、子供ながらに早くも駅前の行きつけの書店に本を注文する「客注少年」になっていた。

「本にならいくらでも使えました。小学生の時から近くの本屋とは顔なじみで、ツケで本を買ったりしていましたね。紙の束ならなんでもよかったんですよ」

と幅は笑って話す。

時間さえあれば、本や雑誌のページを開き、文字を追っていた。

「読むのも速くて図書館から毎日、本を借りてきていました。もう読む本がないと言っていましたね。小学校高学年の頃には国語辞典も覚えていて、かなりのことが分かるみたいでした」

母親のみどりはそう振り返る。

学校から帰ってくると、まず宿題をして、夕食の時刻までずっと文字を読んでいる。マンガも好きでよく読んだ。

すでに生まれた時から家の中にはテレビがあり、ゲーム機にも親しんで育った世代としては、活字や本との接触の度合いは相当に高い。

学校の成績もよく、小学校時代は音楽を除けばつねにトップクラス。かといって、本の虫、ガリ勉タイプではなかったらしい。ボーイスカウトに入って野営したり、運動神経も良かった。物を作るのも得意だったようで、小学校五年生のときに、ページを開くと、中の絵が飛び出してくるような仕掛けの本を製作したこともあった。母親のみどりは、そうした作品をちゃんといまでも保存していて、見せてくれた。勉強も運動も何でも頑張る、負けず嫌い。全国模試でも上位に入り、自分は世の中の中心にいるという感覚を持っていたと幅は言う。

マイノリティーの意見を広める喜び

中学は国立の愛知教育大学付属名古屋中学校に進学した。別の私立中学にも合格したが、自由を尊ぶ校風の愛知教育大付属を選んだ。

だが、ここで自分よりもできる同級生たちと出会い、「他人」を初めて強く意識する。それまで「世界はおれのもの」と思っていた自意識の「鼻」を見事にへし折られたのだ。自分が敵わない人間が世の中にはたくさんいる。ならば彼らを仲間にして、愉しくやろうと考えた。この頃、幅がシンパシーを抱いていたのが、プロ野球巨人軍の桑田真澄だった。

「なぜか当時、僕の中のヒーローだったんですよ。決して体格的には恵まれていないものの、身体的不利を技量と頭脳で乗り越えてゆく求道者のような姿勢が好きでした」

桑田フリークとも言っていいような入れ込みようだった。国語の授業のディベートで、クラスの標語に「Ｂｅ桑田18」と書いて、壁に貼ろうと提案したことがあった。初めは幅の意見を支持する者はクラスの中で少数派だった。だが、なぜ桑田がいいのかということを、幅が語るにつれ、次第に多数派に変わっていった。そのままだと幅の意見が承認されてしまうことになる。さすがに教師から「待った」が入り、採用されなかった。

ただ、そのとき、幅は、マイノリティーだった主張が、「ね、そう思うでしょう。面白いよね」と、言葉を尽くし、筋道を立てて述べることによって、クラスメイトがだんだん自分の意見の方に傾いてくるという劇的な体験をした。最後にみんなが「ウン」と言ってくれたことが、無性に楽しいと感じたという。最初は自分の思いこみからスタートしたことが、多くの人たちの気持ちを動かし、自分の意見が浸透していく。

「このときの体験は、とてもいまの仕事にマッチしているような気がしているんです」

高校進学に当たって、地元の県立高校へと進んだ。このころ読んだ一冊が、d－labにも置いてあった『就職しないで生きるには』(レイモンド・マンゴー)という本。自分の生きるリズムにあわせて働くために本屋を開く話が書いてある。将来本に関わる仕事を明確に意識していたわけではないが、「影響を受けた本」だ。

慶応で学んだ美術

高校での成績はそこそこ良かった。大学は国立を考えた時もあったが、受験勉強をすることに気持ちが乗らなかった。推薦で進学する道を考えた。一番時期が早かったのが、慶応義塾大学法学部政治学科。法律や政治の勉強をする気などなかったが、推薦を受け、慶応に入学する。

入学したての一年の春に、野球の早慶戦の応援のため神宮球場に友人に連れられて行ったことがある。だが、みんなで肩を組み、校歌や応援歌を歌い、一体化する雰囲気にどうしてもなじめなかった。早慶戦の応援はその時だけだという。

入学した法学部でも、専攻した政治学の面白みが分からなかった。大局的な視点で語られる政《まつりごと》や経済活動と自身との接点がどうしても見いだせなかったのだ。教養課程の時から法律とは関係ない、他学部である文学部の美学美術史のゼミに参加し、美術部にも入部した。

ゼミで美学美術史を教えた近藤幸夫准教授は、当時の幅のことをよく覚えている。

「授業が終わると毎回のように僕のところに来て、感想を言ってました。質問じゃないんです。あそこが面白かったとか、あの言葉は響いたとか言うんです。そういう学生はほかにいませんでしたね」

専門課程に移ってからも、幅は近藤の授業を受け続けた。戦後の美術についての授業で、それも幅は熱心に聴講していたという。幅は、この近藤の一連の講義で、「それまでは、いわゆる文学作品ばかり読んでいたのだが、アートというか、言語化できないものやビジュアルに関して目覚めるきっかけとなった」と言っている。

アメリカのコンセプチュアルアートの代表的な作家、ジョセフ・コスースというアーティストがいる。世界を認識する概念や、芸術がどのような言説で成り立っているのかを追求した作家である。このコスースの代表作で「椅子」に関しての作品がある。実物の椅子が置いてあり、その横に、正面から撮った実物大のモノクロームの椅子の写真パネル。さらにそれとは反対側に、辞書の「椅子」という文字のパネルがある作品だ。

近藤によれば、それは、人間が「実体」と「イメージ」と「概念」の関係で世界を把握しているということをクリアに表現している作品だという。

「幅君は、それを面白かったと言っていたと思います。彼はコスースが好きだったみたいですね」

キュレーションに似た仕事

その当時から幅は、興味のあることにどんどん突っ込んでくる学生だった。

近藤は慶応で教える前は、美術館に勤務し、展覧会の企画などに関わっていた。その近藤の目には、いまの幅の仕事は、美術館や博物館のキュレーションに似ているように思えるという。キュレーションとは、ある視点で、情報を集めて分析し、それらをつなぎ合わせて、一つの価値を持つものとして共有することをいう。

「僕は十六年間美術館で働いていまして、展覧会を作るのがメインの仕事でした。その時、自分の立場をどこに置くかということが問題になってくる。美術館の仕事は、表現者がいて、受け取る人がいて、その間をつなぐことです。どういう風に見せたら、その作家の伝えたいことが最もよく伝わるか。展覧会を通じて表現するわけです。その時に、単にレッテルを張るのではなく、作る人と同じ目線で見て、何ができるかということを考えるのが重要になってきます。本で言うと、それに当たるのは図書館司書と思われがちですが、ちょっと違う。彼らの仕事は、膨大な書物の中から、何を提供するかという検索システムを作ることです。それは、正確なデータが分かっていて、何がほしいか絞り込めている人には凄く役にたちます。でも漠然と何かを見つけたいとか、何かを調べたいという人に対しては、どこまで幅広く柔軟性をもたせて、的確に情報を提供できるかということが大事になってきます。

そんな中で幅君がやっているのは、本をチョイスして、かなり大胆に既存の検索システムとは違う方法で、アクセスしやすいようにつなぐことです。それはあまたある制作者の中から、この人のこの部分を見せたいと考えて展覧会を組織するのととてもよく似ています」

幅は、自分が面白いと思った本を、どのようにすれば手に取ってもらえるかと考え、一般の人がアプローチしやすくすることに気を配る。たとえば、文芸書などの隣りに誰にでもわかるような旅行ガイドなどを入れたりする。

「展覧会もそうなんです。面白いと思っていることを、うまく道をつけて、その面白さをみんなに味わってもらうようにするにはどうするかを考える。ただ、いまの仕事は、幅君の個性が出ていますよね。幅君がこれまで読んできた本の中から、これと、これというように組み合わせていく。本を主役にしているようで、あの編集の中に幅君の個性、哲学が色濃く表われているのではないでしょうか。そういう意味で、彼は表現者なのだと思います」

揺らぎ始めた価値観

近藤の下で、幅とともに学んだ友人のひとりに板谷龍一郎がいる。

ゼミとクラブがともに一緒で、現在は画家として活躍している。

板谷は学生時代、幅たちとよく旅行に出かけた。幅は、待ち合わせの場所や時間などを計画するのが好きで、ヨーロッパ旅行に行った時などには、現地の情報などもいち早く仕入れて、仲間に情報提供していたという。

「どうも、何かが社会的に流行する前から、いろいろな情報を知っていて、それをアナウンスするのが好きだし、上手でした。とにかく情報収集能力が高いんです。もともと媒介者的な面を持っていたように思います」

ただ、そんな幅も就職活動に関しては熱心ではなかった。

「幅君だけでなく、僕たちの仲間はみんな、のほほんとしていて、あまり大学になじめないような人間ばかり集まっている感じでした。だから慶応の応援歌の『若き血』なんか誰も歌えませんでした」

慶応に入ったのだから、商社やメーカー、銀行、マスコミなど大企業や有名企業に行くのは当たり前というような考えは毛頭なかった。

「既存の価値観が好きじゃないんです。ただの天邪鬼《あまのじやく》かもしれませんね」

と幅は言うが、上昇指向の考え方から意識的に距離を取ろうとしていたようにも見える。

「何をもって勝ちとか負けというのか、疑わしくなってきたんですよ。相手をこてんぱんに圧倒するより、負けないことの方が重要だと思うんです」

受験戦争の勝利者として有名大学に進学し、誰もが知っているような企業に就職する。周囲から羨望の眼差しで見られ、将来も約束されたかのように見える。

だが、果たして本当にそうなのだろうか。

バブル経済の崩壊から二十数年。日本の経済は多少の波はありつつも、かつてのような成長曲線を辿ることはできなくなった。少子高齢化が進行し、日本社会そのものが成熟期に入っている。国際的な貿易の壁を無くして、限りなく自由な経済活動を是とする新自由経済の広がりによって、各産業分野の規制撤廃と、それにともなう企業の体質転換が図られ、終身雇用、年功序列という、それまで当然と考えられていた雇用慣行は過去のものとなった。

企業は正社員を極力少なくしてコストを抑え、いつでも〝取り換え可能〟な契約、派遣労働を拡大してきた。「いい大学」を卒業しても、必ずしも想い描いていた就職ができない学生が増えた。受験の勝者に必ずしも「約束された未来」が保証される時代ではなくなったのだ。

そうした目に見える変化は、社会や一人ひとりの考え方にも、大きなインパクトを与えている。下から上へ階段を一段ずつ登るようなイメージの人生観だけでは、これからの社会を生きていくのは難しい。ではどんな考え方、価値観を念頭に置いて生きていくのかと問われても、明確な指針を見いだすのが難しい時代になった。

そんな中で、企業も、いかにして自分たちの事業の目指す進路を探り、メッセージを発信するかに腐心しているように思える。本屋ではなく、本とは一見無縁の会社などからブックディレクションが求められるようになったのは、この二十年間の日本社会の、閉塞と無縁ではないはずだ。

青山ブックセンター

自分の価値観に正直に生きてきた幅も、就職という選択を迫られる時期を迎えていた。仕事の選択肢はたくさんあったという。

「しかし、ただ大きいから、安定してるからという理由で、どこかの会社に就職しようと思ったことは一度もありません。何を選ぶかというときに、自分が好きなように選ぶ自由を常に持っていたいという気持ちがありました」

就職活動ではとりあえず郷里の中日新聞社だけ受けた。それも新聞社の本流である記者職ではなく文化事業部。そこも最終面接で落ちた。現実の壁が、幅の前に立ちふさがった。この頃、実家の自室の机の上に、たくさんの本を積んで読み漁り、じっと考え込んでいた幅の姿を母親のみどりは見ている。

「それでもあの子は決して暗くならないんです」

結局、就職せずにカナダに短期留学。アメリカ、フィンランドなど十数カ国を旅行し、グッゲンハイム、ＭｏＭＡなど美術館や自転車レースを見て回ったりした。このときのことを幅は「幅的お祭りツアー」と冗談めかして言うものの、「働きだすと好きなことができなくなるんじゃないかという妙な恐怖感があって、その前にいろいろなものを見ておこうという感じでした」

この時の海外旅行で、「自分の好きなものと、自分の距離感がつかめるようになった」と幅は振り返る。

「現地に行って初めて分かったのは、日本で聞いたり、写真で見たりしていたことが、意外に小さなものだったりするわけです。それはとても面白いことで、行くと自分の言葉で語れるようになるんですね。本もそうなんだと思いました。そういうことを考えている中で、自分の好きなことを自分の言葉で語っていくことが大事なんだと感じたんです」

団塊ジュニア。ロストジェネレーションと呼ばれる世代でもある。ＩＴなどの分野では、家も続々と生まれている。

「ナナロク世代」（一九七六年生まれ）ともいわれ、同世代からは新しい価値観をもった起業家も続々と生まれている。

就職難のなか、一九九七年には証券業界大手の一角、山一證券が経営破綻。企業社会の未来に暗い影が忍び寄り始めていた。大学を出て、会社勤めをすることへの疑問と戸惑い。幅の就職活動の中途半端さには、そういう意識の揺れが見てとれる。しかし、現実は厳しかった。貯金も減ってきた上に、不況で働き口を探すのが大変だった。いまのように第二新卒の考え方も浸透していなかったため、いよいよ「働かなきゃいけない」と思ったとき、「リセット感があった」と正直にその時の心情も吐露するのである。

大学を卒業した九九年に、幅は東京の青山ブックセンターに入社した。六本木店に配属され、書店ではアートブック、デザイン、建築などの棚を担当し、レジ打ち、検品、品出し、発注と、書店員としての基本を覚えた。

当時の青山ブックセンター六本木店は、他の書店とは格段に違って格好良かった。独特の品ぞろえ。棚を見ただけで、本にこだわりをもった書店員がいるというのが感じ取れた。良い意味でトンガっていて、よくぞこんな写真集や本を置いてあるなと感心させられるぐらい充実していた。一般書店としては群を抜く品ぞろえの良さとスタイリッシュな雰囲気に溢れていた。

そう感じていたのは私だけではなかった。友人や本好きの知り合いも同じような印象を持っていた。本を買わなくても、書店に足を運ぶだけで、いい気持ちになることができた。何時間店内に居ても飽きない。書店に居るだけでも満足感に浸れたのだ。六本木店のファンは多く、その店に行くと必ずといっていいほど何冊かは買って帰った。だが、そんな時でさえ本はあまり売れなかったという。

「売り上げが伸びず、お客もなかなか来てくれない。だから、平台や棚にある本を手に取って、ページをめくってくれるなんて凄いことなんです。ましてそれをレジに持ってきてくれるなんて奇跡みたいなものでした」

幅は当時のことをそう語る。

厳しい本屋の現場

本が好きで入った業界だった。しかし、現実は厳しかった。いかに一冊、一冊の本と人を結びつけられるか。「お、なんだか面白そう」と思って手に取ってもらえるか。ページをめくってくれるか。その大変さを身をもって知るだけに、本棚の編集をする時には、本棚の前に立つ人の関心や気持ちに無関心ではいられない。

「入社したときから、幅君は目立っていました」

そう言うのは、元同僚で、その後建築の専門書店に転職した中沢雅子だ。中沢によると、幅は入社したときから建築やデザインというジャンルに興味を持っていたという。青山ブックセンターでは、担当者が棚を独自に作れるが、最初はよく分からないので前任者から引き継いだものを踏襲していくのがふつうだった。だが幅は、自分らしさを出すのが早かった。

「率先して棚を変えたいと言っていましたね。そういう意味で目立ってたんです」

六本木ヒルズができる前、森ビルと一緒にプレイベントを開くことになった。中沢は、幅とともに書店側の担当者として参加したが、その時、幅がどんどんアイデアを出したのをはっきり覚えている。人脈を広げるのも上手だった。プレイベントに建築家の安藤忠雄を招いたが、その時も幅は、物おじせずいろいろな人たちと名刺交換していたという。アイデアも、新刊書店の枠にとらわれないものを出した。あるとき、古書を置いてみたいと提案してきたことがあった。新刊本の本屋に古書を並べるというのは大胆な発想だった。さっそく古本業者から本を取り寄せ、棚を作った。

そんな書店員時代の幅を知っている中沢の目には、いまの幅の仕事は、書店とは別物として映る。本屋としても幅のように棚をディレクションしたいと思っているが、ふつうの書店にはなかなか真似ができない。

「書店業界は厳しくて、愚痴がどうしても多くなりがちです。でもいまの彼はニコニコとして仕事をしています」

幅は、青山ブックセンターには二年間勤めた。その間、給料が安く、大好きな本がなかなか買えなくて辛かったという。お金を節約するため、おにぎりを作って、自転車で通勤した。本好きで入った書店で本を取り扱う仕事をしながら、自分は本が買えない。ストレスがたまった。

渦巻いていた本の知識

青山ブックセンターを辞めた幅は、編集プロダクション「ジェイ・アイ」に転職する。その会社を経営していたのは、出版界では知らぬ人はいない元マガジンハウスの編集者、石川次郎だった。雑誌『ポパイ』や『ブルータス』などの編集長を務め、民放テレビの深夜の情報・バラエティ番組の司会なども務めたこともある。石川は、幅に初めて会ったときのことをよく覚えていた。

「突然現れたんですよ（笑）。この会社には、いろいろな仕事が突然持ち込まれることが多く、人手が必要でした。うちで働いていた編集者に、素人でもいいから編集に興味を持った人間がいないか聞いたんです。そしたら、すぐに幅君に連絡してくれたんですが、彼はいきなりやってきました」

会って、話をしたとたん、幅が本に関して相当な知識を持っているのが分かった。

「とにかく、本や雑誌について、ものすごくいろいろなことを知っていましたね。本が好きだというのがよく分かりました。なんていうのか、知識が頭の中で渦巻いているわけですよ。あんなに若いのに、僕が話すことは大抵知っていましたからね。それには驚きました」

石川は編集を手伝える人間を探していた。そこで編集に興味があるかと聞いたら、幅は「あります」と即答した。幅の貪欲さを感じとった石川は、その場で幅に働いてもらうことを決めた。

「ただ、知識に関して言うと、彼の頭の中で本の情報が整理されてなくて、あちこちはみ出していているっていうのか、ごちゃごちゃ詰め込まれている感じだったね。いったいそれを何に使うのかわからなくてね。アイデアはまったくなかったんですよね。だからもったいないなあ、何かに生かせないかとは思いました。でも、本や洋書にあそこまで詳しい編集者はいないので、内心、面白いスタートを切ったなと感じていました」

石川の下で幅は編集者としての道を歩みだした。とはいえ編集の仕事はしたことがない。石川は編集のイロハから教えていった。

新しいスタイルの書店

ちょうど一年ほど経ったとき、石川に大きな仕事が持ち込まれた。レンタルビデオと書店を経営する「TSUTAYA」が、東京・港区の六本木ヒルズに新しいコンセプトの店を作るので、そのプロデュースをしてほしいという依頼だった。

もとはといえば、それは石川の発案から始まったものだった。六本木ヒルズの巨大開発にあたり、どういう商業空間にしたらいいかというアイデアについて森ビルから依頼があったのだ。そのとき、石川の頭にひらめくものがあった。

それは、本屋とコーヒーショップが一体化した「ブックカフェ」だった。石川は、仕事で海外に行く機会が多く、ロンドンやフィレンツェなどヨーロッパの各都市で、いくつもそういう店を見てきていた。アメリカでもスターバックスと本屋がくっついた書店など、次々と同様のショップが誕生しているのも知っていた。六本木ヒルズの開発にあたり、石川はそんなアイデアを提案していたのである。いわば、自分が出したアイデアが、より具体的な形になって戻ってきたのだった。

その話を聞いた時、石川はすぐに幅のことを思い浮かべた。具体的に動かしていくためには彼がいい。幅の書籍と雑誌の知識を生かしてみよう。石川はそう考え、プロデュースの会議から参加させた。

ＴＳＵＴＡＹＡサイドでは、店を作るにあたってフィクションは置かず、ノンフィクションだけの本屋にしようと考えていた。これまでにはなかった新しいスタイルの店を作ろうという狙いがあったのだ。だが、事業としてどう成立させることができるのかという問題もあった。

幅と店側は何度も議論を重ね、その中から出てきたのが生活提案型の書店だった。そのために従来の書店とはまったく違うイメージで本を並べることにした、ベストセラーだからといって内容を吟味せずには置かない。店の場所やその周辺に集まってくる人たちの年齢、職業、趣味、嗜好などを検討し、どんなものが求められているか分析した。

その結果浮かびあがったのが「トラベル」「フード」「デザイン」「アート」という四つのキーワードだった。都心の書店らしい感覚を打ち出したいと考えた。

しかし、それらに関する本をただ並べるだけでは、読者層が限定された本屋になってしまう。他にはない書店の特徴を打ち出しながらも、多くの読者やお客に足を運んでもらえるような一般性を持たせる必要があった。一見矛盾する目標を両立させる作業は、棚をどう「創るか」にかかっていた。

幅は具体的なアイデアを出した。「クッキングという棚に『食』にまつわる小説、たとえば開高健や檀一雄の本を置く」「村上春樹や倉橋由美子の小説を、旅の本棚に並べてはどうか」「骨組みはノンフィクション、肉付けに小説」「安藤忠雄の写真集や随筆は、建築のジャンルを逸脱している。安藤さんが建てた建物について書いた本は東京歩きのコーナーにどうだろう」

「まるでアイデアの泉のようでした」

TSUTAYA TOKYO ROPPONGIの伊倉はその時のことを、振り返ってそう言った。

子供の頃から、なにより本が好きだった幅は、本というものが人間にどういう効果をもたらすのか、本を読むということの楽しみとは何かを、よく分かっている。そもそも、明日の会議で何かいいことを言うためになどという読み方はしない。本はそんなものではないからだ。

そんな幅が本棚を編集するときに、必ずと言っていいほど並べる本がある。その中の一冊が、南米コロンビアの作家、ガルシア・マルケスの『百年の孤独』だ。幅は、TSUTAYA TOKYO ROPPONGIでも誰もが知っているガイドブック『地球の歩き方』の南米編の横に、『百年の孤独』を並べた。

ホセ・アルカディア・ブエンディアを始祖とするブエンディア家の人々が主人公で、七代にわたる一族のつながりや、栄華を極め、やがて没落していく百年間の壮大なストーリーが無数の挿話によってつづられている作品だ。

幅は高校生のときこの小説を読んだが、「遅効性」の本の典型だという。登場人物の名前がみな似通っていて、まずそれを頭に入れるのが大変なのだ。今の版は、血縁図が書いてあるが、初めて読んだ当時の版にはなくて、なおさら混乱した。

「最初、なんじゃこりゃあ！　という感じだった。しかし、初めて分からないということが面白いと思えた本だった。それまでは何かを分かろうと思って読んでいたのに」と言う。

『百年の孤独』は旅の本ではない。しかし、そこに描かれた家族の歴史の物語は、旅に出る衝動を刺激してくるところがある。マコンドという村の土地に染みつく血や、人々の感情、饐《す》えた匂い。誰かが、生きていたという痕跡。そこには、インターネットで検索しても喚起できない何かが確実にある。

とにかくどこかへ行きたい。自然の中や海外へ飛び出したい！　そういう気持ちにさせてくれるものは、小説などを読んだときにより強く感じることがしばしばある。直接旅のことを書いていなくても、読み手にとって小説が旅の本になることが往々にしてあるのだ。とすれば、直接、旅について触れているかどうかではなく、物語としての推進力がある本は、旅というジャンルにもつながっているということになる。『百年の孤独』は、そういう意味において、まさに「旅」というテーマにうってつけの本だとも言えるだろう。

第五章　ブックディレクションの極意

——世界観を提示する

［映画『すべては海になる』］

「愛」という名の本棚

営業時間はとっくに過ぎ、店は閉まっていた。夜十時を回っている。しかし売り場には煌煌と明かりが点いていた。これから横浜ランドマークタワーの中にある大手書店、有隣堂を借りきって、映画用の「本棚作り」が行われるのだ。

女優の佐藤江梨子扮する二十七歳の書店員が主人公。不幸ではないが、いま一つ幸福感のない彼女の趣味は読書。ある日、店長から一つの棚を任される。考えたコンセプトが「愛のわからないひとへ」。その棚に惹かれて、いろいろな人が集まってくるというストーリーだ。台座の上に、撮影用の四面の棚がある什器《じゆうき》が運びこまれた。本棚の背板にはＬＯＶＥという文字が彫ってある。

床には、段ボール箱が数箱持ち込まれていた。その日は、幅のほかに、幅の会社「ＢＡＣＨ」（バッハ）の社員、山口博之も駆け付け、二人で箱を閉じているガムテープをはがし始めた。バリバリという音が深夜の書店の中に響いた。

〈この物語の主人公は千野夏樹。一九八三年生まれ。東京・大田区の近辺で育った。父親はメーカー勤務のサラリーマン。母親は専業主婦だ。三歳上の兄が一人いる。兄は理系の技術者である。

小学校から高校までは公立。大学は、そこそこのレベルの私立大学を出た。学生時代の専攻は心理学。

高校生の頃、多少遊んだ経験があり、渋谷にたむろしていたこともあった。同調圧力に弱く、周りが遊ぶのに合わせる感じの少女だった。しかし、仲間と一緒にいても、どこか違和感をもっていた。恋愛には一途なタイプ。しかし、本気で好きになった男から振られたことがきっかけで、複数の男とつきあった経験がある。援助交際のような状態だったが、芯からは楽しめず、そこから抜け出すために「本」を読むことを覚えた。本を読んでいる間は、誰にも邪魔されず独りだけの時間をもつことができる。

そんな彼女が大学を卒業して勤めたのが大型書店。いま入社四年目。とはいえ、待遇はアルバイトとほぼ同じ。月収二十万円程度。最近、本屋の仕事が好きになり始めた。それは店長が本好きの彼女に、一つのコーナーを任せてくれたからだ。いまは、本棚作りがとても楽しい〉

本棚がつなぎとめる人間関係

この映画の監督は、山田あかね。自作の小説の映画化だった。山田は、本という、一見静的な物が持つ特性について、こんなことを言った。

「本を読む人は、真面目なイメージがあるが、本にはきわどい話や、汚れたことも面白く書いてあったりする。一番自由でラディカルなメディアだと思う。映画は本でつながる人の話にしたかった」

山田が言うように、この映画には、本というものの根源的で、過激とも言える特性が通奏低音のように流れている。

夏樹が作った本棚に惹かれて、集まってくる登場人物たちは、みな、どこか対人関係がうまくいかなかったり、不器用だったり、家族が壊れていたりする人たちだ。愛というものが何なのか分からなくなり、愛を渇望していたりする。もちろん、そういう人たちが登場する映画や小説はいくらでもあるが、この映画は、そうした人たちが、一つの本棚によって根っこのところでつながっているというところに特徴がある。愛をテーマに編集された本棚が、ともすればバラバラになり、悲惨にもなりかねない物語を救い、どこかでしっかりとつなぎとめているのである。

(上)撮影用にセッティングする幅。
(下)セグメントで並べられた本の数々。

「愛がわからないひとへ」の本棚。

映画の中では、本棚が重要な役割を担っていた。愛がテーマだからといって、愛に関係しそうなタイトルの本をただ並べればいいというものではない。そこに映画の主人公である夏樹の思い描く愛の〝世界〟が見えてくるような並べ方が求められた。それには、ちゃんとした〝本棚作り〟のプロフェッショナルが必要だった。そこで山田が本棚作りを依頼したのが幅だった。

その日、持ち込まれた本は約三百冊。事前に届けられていた段ボール箱を開ける。幅は本のリストがびっしりと書いてあるペーパーを取り出した。次にコピー用紙を細長く手で何枚もちぎった。その一枚一枚に、サインペンで言葉を書きつけていく。「わからないけど愛」「結婚制度」「ほしい家族」「彼女の生き様」「生とか死とか」「性のこと」「自然を知る」「暴力」「あの人の痛み」「言葉を紡ぐ」「エロス」「独りでいるために」……。

それらを本棚に次々と貼っていき、終わると、次は、段ボール箱から本を数冊ずつ取り出して、コピー用紙の言葉に沿って並べていく。

搬入された三百冊は、棚として「愛」を表現するために、よりふさわしいとされた本である。リストには、次のようなタイトルがずらっと並んでいた。

『アンナ・カレーニナ』（トルストイ）、『存在の耐えられない軽さ』（ミラン・クンデラ）、『セックス放浪記』（中村うさぎ）、『ＯＵＴ』（桐野夏生）、『ＳＥＸ　ｂｙ　ＭＡＤＯＮＮＡ』（マドンナ）、『エロティシズム』（ジョルジュ・バタイユ）、『細雪』（谷崎潤一郎）、『巨乳はうらやましいか？――Ｈカップ記者が見た現代おっぱい事情』（スーザン・セリグソン）……。

他にもたくさん愛と関係しそうなタイトルの本があった。それだって、古典から現代風俗を描いたものまで多彩な選書になっている。

『昆虫記』は愛にどう関係するのか

だが、「愛」とは、直接的に関係がないような本も相当数あった。ナチスのユダヤ人虐殺を生き抜いた記録『夜と霧』（フランクル）や、山田風太郎『人間臨終図巻』、ファーブルの

『昆虫記』、西原理恵子『この世でいちばん大事な「カネ」の話』もある。単体でみれば、なぜそれが「愛」につながるのかはわからない。『格差はつくられた』(ポール・クルーグマン)、『ガラスの地球を救え――二十一世紀の君たちへ』(手塚治虫)、『死に至る病』(キルケゴール)といった社会や人間を考察した書籍も混じっていた。牧野富太郎『原色牧野日本植物図鑑』、『シートン動物記』九冊セットなど「愛」とは一見結びつかない自然科学系の本や、『家出のすすめ』(寺山修司)、『風の歌を聴け』(村上春樹)、『百鬼園随筆』(内田百閒)などの著名な文芸作品も含まれている。

これらの本を、コピー用紙の切れはしに書きつけた言葉をもとに振り分けていくのだ。

「『性』と『哲学』は近いところがいいかな」

幅が独り言のように言うと、それを聞いた山田が、「それは面白い!」と、感心したようにつぶやいた。

一見関係ないと思われる言葉が、〝接近〟したり隣り合わせになったりすることで、見る者の中で何かが閃いたり、思わぬことに気づかされたり、何かあると感じさせられたりする。言葉と言葉の掛け合わせ、組み合わせによる〝化学反応〟のようなものだろうか。山田は、瞬間的にそれを感じとったようだった。

山田が幅を知ったのは、テレビの『情熱大陸』を観たのがきっかけだった。

「最初は、これで商売になるのかなと思いました。売ることを目的とせず、本を並べてビジネスが成立するというのが驚きでした。今回の仕事で、幅さんが持ってきた本のリストを見て、こう来たかと思いました。バックボーンとなる主人公の履歴書をもとに、この主人公が選ぶ本にしたいと発注書を幅さんに出したのです。私も自分の好きな本を七十冊。佐藤江梨子さんが十冊。あとは幅さんの選書でした。私も棚を作るために本を選んでみて、あれも入れよう、これも入れようと考えていくのが、こんなに楽しいとは思いませんでした。本の本棚への差し方に遊びが必要だということも覚えました。幅さんは、これの隣りにこれを持ってくるとこうなるというようなノウハウを持っていると思います」

こうして創られた本棚は、二〇一〇年上映の映画『すべては海になる』の中で使われた。

スポーツと本　［アディダスショップ］

本棚の編集というのは、冊数が少ないからと言って、簡単にできるものではない。もちろん、数千と数十では選書と編集に要する時間は違ってくるが、一冊一冊をどう並べるかという労力に関しては変わらない。わずか数十冊にこんなに時間をかけるのか、と思わされたのは、東京・渋谷のアディダスショップに本棚を作ったときのことだ。

この店が出来たのは、若者たちでごったがえす渋谷の中心、「109」の左斜め前、東急文化村に続く道路を渡ってすぐの場所。オープンは二〇〇八年十二月二十三日だった。

若者を相手にするスポーツショップとしては、これ以上ない立地。その店の地下の売り場に本棚が設けられることになった。

設置場所は、地下の売り場へと降りていく階段の横。上り下りの際、目につく場所だった。棚自体はそれほど大きくはない。個人の家の大きめの本棚一本分ぐらいだろうか。

その日、並べる本は全部で七十五冊。幅は多い時には何千、場合によっては万を超える本をディレクションする。それから比べれば、アディダスショップは、かなり少ない方だった。

どんな本を並べるのか、興味をそそられた。本は段ボール箱に詰めて、あらかじめ送られてきていた。足元の箱から取り出すのを見ていると、いろいろな本があった。スポーツ関連の図書はもちろんだが、一見、スポーツとは関係のない本もたくさんあった。

たとえば『五輪書』だ。宮本武蔵の代表作である。武道はスポーツとはいえないが、共通点は見つけられないでもない。

内田樹の『こんな日本でよかったね』もあった。内田は、当時神戸女学院大学の教授。ご本人は合気道の段位も持っているものの、『街場の教育論』を始めとした社会的な評論が多く、この本もスポーツとは直接関係はなかった。マニアックな視点から東京を捉えた泉麻人の『東京検定』という本も並べられた。

雑誌の論文にも目配り

驚いたのは、雑誌『ユリイカ』もあったことだ。社会評論を中心とした硬い論文やレポートがズラリと並んだ「全身活字」みたいな本である。ただおじさん臭さはなく、都市のインテリ層が読むような限定的なマーケット向けの雑誌といっていい。

そんな『ユリイカ』を、なぜ幅が選書として持ってきたのか最初は分からなかった。でも、よく見ると、特集のテーマに、「フットボール宣言」という論文があったのだ。なるほど、そこかと納得した。同時に、地味で硬い雑誌の中にスポーツ関連の論文があるのをよく見つけたものだと思った。

その日は百冊に満たない冊数なので、割と早く終わると思っていた。ところが、いったん、並べ終えた幅は棚の前に立って、ジッと棚を見つめている。白いセーターに黒っぽいジーンズ。チェック柄のハンチングをかぶって、さりげなくオシャレなセンスを滲ませている。が、表情はいまひとつ冴えない。「うーん」と考えながら、しきりに腰をこぶしで叩いている。棚作りの作業がつづき、腰が痛むのだと言った。

ブックディレクションは、膨大な本の知識と美的なセンスが要求される半面、アナログ的な肉体労働の側面を持っている。表からは見えにくいところで相当に疲労が蓄積しているようだった。表情がもう一つなのは、体の痛みだけが原因ではなかった。本の並べ方に納得が行っていないようだった。傍《はた》から見ていると、どこがどうすっきりしないのかはわからない。すべては幅の頭の中にある。

しばらく棚を見つめていた幅は棚に近づき、さっきまで並べていた本を大幅に取り換えはじめた。面出しで配置していた写真集を取り上げ、背表紙だけ見せるようにつけかえた。そして別の音楽系の大盤のムックのようなものを最上段の目立つ位置に面出しで並べた。

書籍の位置も換えていく。さきほどのユリイカは、三段目の左の位置に面出しで並べた。最上段左には、手塚治虫全集。これも面出しだ。『着倒れ方丈記』を二段目の左へ。これも面出し。その左横に、さきほどの『こんな日本でよかったね』。『東京検定』はその右横。

棚を見ていると、スポーツと東京という二つの柱があることが分かってきた。スポーツ関連のショップだからといって、スポーツの本だけではなかった。

「アディダスには、アディダスの文化があります。それを、日本や東京の文化との関連で提示したいと考えました」

幅にディレクションを依頼したスポーツスタイル事業本部ブランドマーケティング部長小松裕行はそう言った。

「なぜ、アディダスのショップに本棚を置くかといえば、より深くアディダスの文化を伝えたいと考えているからです。本は書き手のもっている情熱が凄い。質量というんでしょうか。そういう本を通して、より深くアディダスの文化を知ってもらえると考えたからです」

スポーツウェアのメーカーとして、アディダスは圧倒的なブランド力がある。だが、それだけではなく、よりブランドを強化するためにプラスアルファを求めていたということだった。そう考えるようになったのは、時代が変わったことも大きな背景としてあるという。

「これからは効率の中の非効率が大事なのではないかと、幅さんとお話ししました。エネルギーや手間暇をかけたものの価値が見直される時代になるのではないかということです。そんな時代には、本のもっている力は強いと感じています」

経営の原点を見つめる　［スルガ銀行研修所］

静岡県駿東郡長泉町。

富士山の南側の裾野に広がり、東は裾野市、西側は沼津市に挟まれた細長い地形の町である。東名高速道路を裾野インターで降り、富士山に向かって続く長い登り坂を車で十分ほど走ると、「クレマチスの丘」に着く。

クレマチスとは和名で「鉄線《てっせん》」。朝顔のように近くにある物に蔓《つる》をまきつけ、濃い紫の花を咲かせる。

クレマチスの丘には、その名の通り、クレマチスを中心とした庭園やイタリアを代表する彫刻家、ジュリアーノ・ヴァンジの作品を展示したヴァンジ彫刻庭園美術館、井上靖文学館、

IZU PHOTO MUSEUMという杉本博司が設計も手掛けた写真美術館、レストランなどがある。周囲は新興の住宅地で、大きなお屋敷もあるようなエリアだった。高台にあるので、散策するだけでも気持ちが晴れ晴れとしてくる。

その一角に、地元スルガ銀行の研修施設がある。漆喰の壁と瓦屋根の長い塀で囲まれていて、一見して、銀行関連の施設とは想像もできない趣きのある外観だ。中に入ると庭園があり、ガラス張りの廊下が庭園を望むように走っている。そんな中に、一戸建ての明治時代の役所か銀行を思わせる二階建ての木造建築があった。そこが、その日、幅と待ち合わせた場所だった。

建物の中に図書館が造られていた。研修施設全体はまだ建設途中だったが、建物はほぼ完成間近で、図書館は地下と二階部分に分けられていた。

ブックディレクションは肉体労働

地下では、すでに本棚作りの仕事が始まっていた。数十箱の大きめの段ボール箱が床に積み上げられ、四人が荷ほどきをしていた。幅の事務所BACHの社員である。

バリバリ、バリバリ、梱包してあるテープをはがす音が室内に響きわたっている。そこだけ見ていると、まるで引っ越しと同じ。大量の本が必要なため、何十箱、場合によっては何百という箱に詰めて搬入しなければならない。仕事の始まりは、まず大量に運びこまれた本の梱包を解くことからだ。

二〇〇九年二月初旬。建設途中でまだ暖房も入っていない図書館の床から寒さが這い上がってくるようだった。

図書館は壁面も床も木造で、全体に濃い茶色で統一された重厚な空間だった。半地下のような段差のついたスペースを設けてあり、なかなか凝った造りだ。

梱包を解くときから、ある程度ジャンル分けのようなものは始まっている。やみくもに取り出すのではなく、だいたいこれはこの範疇、この分類というようにして、本をおおまかに分けていくのだ。

ここでの仕事は二万冊の本を並べること。相当な本の数なので、完成までに一週間ぐらいかかるということだった。

その日並べるのは約二千冊。

「うーん、三時間はかかるかな」

チェック柄のハンチングをかぶった幅は、そう言いながら荷ほどきの手はいっときも休めない。時間はいくらあっても足りないのだ。幅は、しばらくして、一冊の大判の写真雑誌を手に取った。『FRONT』という、戦時中発行されていた国民の戦意を高揚させるためのプロパガンダ雑誌だった。近寄ってみせてもらうと厚みもあまりなく、カラー写真がくすみ、紙質もよくない。いかにも時代を感じさせる雑誌だった。

「あ！　これ面白いねえ。すごいなあ」

幅は、そう言って床に座り込んだ。目は本のページにくぎ付けになっている。ページをめくりながら頬が緩みっぱなし。ときおり「ふーん」とか「へえー」とか言いながら感心している。この間、幅の作業は一時中断した。その脇では、他のスタッフたちによって箱の解体作業が休む間もなく続けられていた。

幅が「創る」本棚は、依頼主の意向や狙いによってさまざまだ。スルガ銀行の図書館は研修施設内にあるため、経営に関する本はもちろん置くことになる。だがそこは、ビジネスに直結するような本だけを置いた図書館ではない。歴史や社会、自然科学、文学など、より広い世界を知り、社員が自己啓発することを眼目に置くような本も広く求めているということだった。

福沢諭吉の「独立自尊」の精神を経営に生かし、官ではなく民の考えに立って、経営の原点を見つめ直すための施設にしたいのだという。

重厚な棚はポップに、ポップな棚は漢字で

本を棚に入れていくときに重要なのが分類だ。「セグメント」をどう作るかによって棚が

醸し出す雰囲気は違ってくる。

紙切れを短冊のように細く千切ったものに、テーマを書きこむ。「コミュニケーション」「言葉のちから」「仕事とは」「未来」「地球の環境」「お金について」「善なるもの」「家族」「CHANGE」「若者たち」「日本発」……。

ふつうの図書館だと社会科学、人文科学、自然科学といった大項目にまず分けて、社会科学だと、「政治」や「経済」、「法律」、人文科学ならば、「歴史」や「文学」といった項目に分ける。そこからさらに政治なら政治に関係した小項目というように、ピラミッド型につながったイメージで分けていく。

しかし、幅の分類は、そういう既成のジャンル分けではないところに特徴がある。「未来」、「地球の環境」といったような大文字＝大状況を表すテーマだけでなく、小文字＝小状況を示すキーワードなどもたくさん使うのである。俗っぽい言葉もあれば、崇高な感じを与えるものもある。テーマ設定は多様で、お仕着せではない。自分の感覚に基づくものだというのが伝わってくる。

従来のジャンル分けについて幅は、こんなことを言っている。

「たとえば、僕は本屋さんによくあるジャンル分けが好きではありません。『食』関係の本はなぜ、『女性専用』のコーナーにあるのか。料理好きの男の人もそこで探さなきゃいけない。あるいは、浅田真央ちゃんのファンの女の子はなぜ、『男性実用』の『スポーツ』のところでフィギュアスケートの本を探さなきゃいけないのか。さらに言えば、何で文庫だけが判型で区切られているのか。それなら『四六判』とか『菊判』で区切ってもいいはずなのに、なぜか文庫本だけさまざまなジャンルが一緒くたにされて、しかもそれが出版社ごとに並んでいたりする。これはあくまで流通側の都合で、今までずっとこうだったから、というルールを適用してきたに過ぎません」（『新潮45』二〇一二年二月号）。

この話を読み、思い出したことがある。それは、ジャンル分けについて、いま出版界で注目されているミシマ社の社長で編集者の三島邦弘から「本は本来、ジャンルで分けられるものではない」という話を聞いたときのことだ。一冊の本の中には、いろいろな要素が入っていて、本屋に並べる都合上、ジャンル別に分けているのであり、人間の考えにジャンルはないはずだという趣旨の話だった。

三島は一九七五年生まれ。幅と同世代である。幅は、三島と、グラフィックデザイナー尾原史和（スープ・デザイン代表）を介して四年あまり前に知り合い、交流が続いている。幅は三島と共感できる点が大いにあるという。それは、ヒューマンスケールで仕事をしているということ。もう一つが、商品以上の価値を創りだしているということだ。出版界の中で独特な存在であることにもシンパシーを感じている。ジャンルという従来からの分け方そのものを疑い、相対化する考えと感性は、同世代であるだけに、余計に良く分かるのかもしれない。

そんな幅の本棚編集を見ていて面白かったのは、本をセグメントに沿って分けながらセグメントの言葉を書き換えていくことだった。

「現場に来て、実際の本に触れないと分からないものもあるので」と幅は言う。

その場でしか分からない感覚、分類しながら閃いたり、気がついたりすることを大事にする。一度決めた分類に、なんとか本をあてはめる。それも一つの方法だ。分類が固定されることによる安定は確かにあるだろう。しかし「ライブ」でしか分からないことがある。幅の分類の仕方、本の並べ方を見ているとライブ感があるように思える。

また、セグメントの作り方についてはこう語る。

「重厚な棚だとセグメントのタイトルを柔らかく。ポップな棚では、漢字を使った硬い物にするんです」

硬いものを硬いテーマで分類、紹介しても息苦しくなる。柔らかいものを柔らかい言葉で分ければ、とっつきはいいかもしれないが、重みのないものになり、物足りなくなる。硬軟を組み合わせることによって、それぞれの欠点を補い、面白いものにしようということのようだ。

個性が出る本棚

幅の選書と編集の特徴は、本の組み合わせによって見る者を楽しくさせる点にあるように思える。

ブックディレクションは、いろいろな人たちが試みているが、他のケースと比べると、その個性の違いがよく分かる。

東京駅丸の内口にある丸善に、ショップ・イン・ショップとして二〇〇九年十月から一二年九月までオープンしていた松丸本舗に行ったことのある人もいるだろう。

博覧強記の知の巨人として知られ、著述家、編集者でもある松岡正剛と丸善の共同プロデュースによる新しいタイプの書店だった。六十五坪の店内に回廊のように曲線で構成された本棚。そこに五万冊もの本が床から天井までぎっしりと詰め込まれていた。さながら、本の森の中に迷い込んだような気分。「凄い！」と思わず感嘆の声が漏れてしまうほどの密度だった。

「客単価は丸善本体の二倍、顧客の平均滞在時間は約二〜三時間。最長は八時間という人もいたほか、『ここに住みたい！』という声も届いている」（『丸の内地球環境新聞』）と高い評価が寄せられていた。

ちょうど私が訪ねたとき、読書家としてよく知られる大手化粧品会社の元社長が姿を見せていた。じっくりと書棚を見つめ、本を手にとる。その姿からは、著名な読書家の迫力が伝わってきた。本好きの眼光は鋭く、そうやって本棚にある、大量の本の中から、本を選びとっていくものなのだと感じさせた。

この本棚をプロデュースした松岡は、早くから「編集工学」を提唱し、社会のさまざまなシーンにおける編集の意味と役割について論じてきた。独特の「編集的世界観」から導きだされる世界認識は、膨大な読書量に裏打ちされ、編集理論の権威として幅広く活躍している。したがって、この書店も、その松岡の知性の粋を集めたもので、多岐にわたる各分野の代表的書物は網羅していると思わせるものがあった。

松丸本舗は、まさに松岡版ブックディレクションであり、松岡の個性がいかんなく発揮されていた。面白いのは、同じ本を用いたディレクションでありながら、幅の作った棚とは、明らかに違うことだった。松岡の棚は、テーマごとにゆるがせにしない〝網羅性〟があった。「知」が、前面に出ていて、本好きにはたまらない棚であることは間違いなかった。

一方の幅の棚は、本と本との間に「遊び」や「落差」「飛躍」があり、その振幅や、意外性によって、こちらの意識が動いていく感じがある。

遊び心のある棚

どちらが優れているというのではない。本棚の編集とは、そもそも正解とか、上下とかの物差しで測れるものではないからである。百人のブックディレクターがいれば、百通りの本棚があるし、そうでなければおかしいとも言えるだろう。

大事なことは、それぞれの本棚がどのような個性を持って編集されているかである。そういう観点で捉えたとき、松岡と幅の個性の違いは、はっきりしていた。

松岡のそれが、真っ向勝負の「本格派」の本棚だとすれば、幅のそれは、ポップで、遊び感覚に溢れた「遊学派」の棚だった。「硬」に対して「軟」という言い方もできるかもしれない。

それぞれの棚の本は、単行本も、文庫も新書も専門書もマンガも、いっしょくたに並べられる。これは幅のディレクションと同じだが、いわゆるセグメントの言葉も、幅と松岡では違いがあり、幅の言葉は、日常的な感覚に近く、松岡のものは、テーマ性がより強く出ていた。この辺の違いも、棚や空間から受ける印象の違いとなって出てくるのかもしれない。

だが、松岡と幅に共通しているのは、従来型の本の並べ方ではない、新しい棚を作っていることと、それによって、読者、購買する側の心が揺さぶられ、刺激されるということだ。一冊一冊は、同じ商品なのに、それを一本の木にたとえれば、その木の種類、集め方、植え方によって、まったく違う森が出来るということだ。その森の中にひとたび入れば、胸の奥に眠っていたもの、意識下にひそんでいた感覚が呼び覚まされるのだ。

そんな豊かで深い「本の森」の一つだった松丸本舗が終わりを迎えたことに、幅は、一抹の悔しさを滲ませている。

「正直、理由はよくわからないし、あれこれ邪推する気もない。けれども、僕がここでおそれるのは、本屋という場所に対して人が持っていた公平さや、遅効メディアを扱う懐の深さ、そして自由さが損なわれてしまう点にある。松丸本舗がなくなるというニュースを耳にした本好きは、また一段と本屋に対する失望を深めるだろう。もう、大型書店は利益率と回転率を重視した売れる商品しか扱わないのかと」（松岡正剛『松丸本舗主義　奇蹟の本屋、3年間の挑戦。』）

だが、それでも前に向かっていく必要性を強調してもいた。

「あの縦横無尽な本棚で交わした本との対話、跳躍、脱線。そう、もうどこの本屋でも、あなた次第でそこは松丸本舗になる。ひょっとしたら、本屋じゃなくとも、本を手にとる機会さえあれば、いつだってあなたは松丸本舗的な視線でそれを愉しむことができるのだ。

そういう、『あたま』と『身体』をつくってもらって、有り難う。さらば、松丸本舗。それでも僕らは前に進む」

一年間に三百冊以上を読む

こうした〝本の森〟を作るには膨大な読書量を要する。幅が月に精読する本は二十冊から二十五冊。年間で三百冊は下らないという。斜め読みを入れればその三倍にもなるらしい。

先述したスルガ銀行の研修施設に数千冊の本を並べている最中、アトランダムに、何冊か中身について幅に質問したことがある。すると、どれについても即座に答えが返ってきた。「内容を知らないで並べることはしたくないですから」と幅は涼しい顔をして言った。仮に斜め読みでも、小説ならあらすじ、ノンフィクションなら大意をつかんでいなければならない。読書量と、それを処理する能力が必要とされるはずだ。

「とにかく本を読むスピードが速いんです。それと要点をつかむのがうまい」

そう言うのは、幅の片腕として、BACHの仕事を支えている山口博之だ。

いったい幅は、どのように本を読み、咀嚼し、記憶しているのだろうか。幅にその点について聞くと、「あまり冊数でどうこうというのは好きじゃないんです」という答えが返ってきた。

「十ページの本を百冊読むと千ページ。千ページの本一冊読むと千ページで同じですよね。冊数の話はそういうことなんです。でも、それよりその本に向き合っている時間の方が重要なのではないかと思っています」

幅は、毎日、三、四時間は本を読んでいるという。その時、買った本はなるべく棄てないで、自分の目の前や近くに置いておく。「近い所だと忘れないから」と言う。

「本棚は外部記憶の保存装置だと思うんですよ。パッと見て、日常の中で目に入る。記憶を再生するためのカギなんです。本には来歴があり、本棚を見ていると、自身の来歴やそれに連なるいろんな感情が浮かんでくるんです」

自宅の本棚には、古い雑誌もたくさん取ってあり、「これは高校生のとき、通っていた高校の近くの駅のキオスクで買った」などということまで覚えていた。

本を仕入れる

本棚の編集にとって、もう一つ重要な作業がある。本を仕入れることだ。オファーがあるたび、テーマが違い、それによって並べる本も違う。もちろん同じ本を使うことはしばしばあるものの、それでも、その都度購入しなくてはいけない。

仕入れの基本は取次から購入するものの、実際の本を手に取って選びたい時や、一期一会を期待する時などは、書店や古書店に足を運ぶ。一度、仕入れに同行させてもらったことがある。行ったのは、東京・千代田区神田神保町の古書店街。

まず足を向けたのは、三省堂書店本店の裏手にある、神保町古書モール。ビルの五階にあり、ワンフロアに、いくつもの古書店が入っている。といっても、壁で仕切られたり、ブースがあるのではない。各古書店が自分の本棚を並べているだけで、一見すると、大きな一軒の古書店に見える。お客は、好きな本を好きな棚から選んでレジに持っていくと、そこで一括して会計をしてくれる。

その日は、幅と山口、それにＢＡＣＨの女性社員の計三人が仕入れに出かけた。

依頼主からの注文に応じて、分類のテーマを決めておき、それに沿って本を選ぶ。基準は、中身がどうなのかということはもちろんだが、装丁にも気を配る。面出しで並べることも考慮に入れなければならないため、見栄えも重要な基準になってくるのである。

その日は「世界の政治のこと」「世界の経済のこと」「世界を知る」「日本を知る」「日本のこと」など三十四のテーマで選書することになっていた。

まずざっくりとそのテーマに合うと思える本を片っぱしから集めていく。その際、三人が勝手に動くと選んだ本がダブったりするので、三人でひと固まりになって選んだ。

幅はもちろんだが、山口も、女性社員もまだ若いのに、古い本についての知識は豊富だった。二人とも、以前は書店に勤めていた。

その日は、神保町の古書店を数店回った。地道な作業である。一冊ずつ、自分の目で見て購入する。ことに古本の場合は絶対にそういう作業は必要だ。どこにでもあるような著名な作家の本ならば、まとめて購入しておいてもなんらさしつかえないが、そう簡単には手に入らない希少本や古い本は、一軒、一軒歩いて探す中から見つかったりするのだ。

海外で買い付け

幅は、国内だけでなく、海外からも本を仕入れる。とくに写真集などは、日本では手に入らない希少なものも多い。インターネットによる注文だけでなく、買い付けに、ヨーロッパなどにも出かけることがある。

その時の様子は、『情熱大陸』（毎日放送）で放送された（二〇〇八年十月十九日）。目指したのは、ドイツのベルリンのアートブックの店。現地の友人から情報を得たのだ。そこはネット販売をしていないゆえ、幅も初めて知った店だった。

床から天井まで、高さ四メートル近くありそうな店内の四方がすべて本棚。棚枠はすべて白色で統一され、大判の写真集や作品集などがビッシリと入ったその光景自体、アートと言ってもいいような雰囲気の店だ。

「どこから攻めようかな。大変すごいコレクションだと思いますよ。ぞくぞくしてますよ、いま。住みたい」

手の届く所だけでなく、大きい脚立を借りて、上の方にあるハードカバーの本を手に取る。降りてきては、また別の場所に脚立を立てかけて上る。

日本ではなかなか見つからなかった本が次々に見つかった。モダンアートの作品集『Genoves』（Juan Genoves）、コヨーテを撮影した写真集『Coyote』（Joseph Beuys）。

「共通点みたいなものはあるんですか」という取材者の質問に対して、「どれもファンということですね。基本的に自分が好きなものじゃないとお薦めできないじゃないですか。カチコチになってしまうというか。嘘がきっとつきにくい性格なんで……」

と幅は答えた。

一時間経過した時点で、十数冊を抱えてレジへ。普通の単行本ではないので一冊でもかさばる。とりあえず仮置きさせてもらい、再び本を探す。初めて知ったという作家の本を手に取る。鉛筆のようなもので、いろいろな所を塗りたくったような絵や写真が掲載された作品集だ。その中に床を全部塗りつぶした写真があった。

「狂ってるわけですよ。よくやるなあ。こういう変態が好きというか。ケッタイな人、面白い人が世の中にはいるもんだみたいな感じで」

と言いながら、顔がほころんでいる。

結局その日、その店にいたのは三時間。全部で五十冊を購入した。総計、日本円にして三十万円。店の女性の顔が嬉しそうだ。海外の本屋でここまでして本を探し、大量に買い込む日本人は幅ぐらいかもしれない。

買い付けは、この日が初日だったが収穫があった。ネット時代だから、わざわざ旅費を使って海外に行かなくとも目あての本を入手することはできる。しかし幅はそうしない。可能な限り海外の書店に直接赴く。それによって、思わぬ掘りだし物と出会えるからだという。

本と人が出会う場をつくる。それが幅の仕事の目的だが、幅自身も、本との出会いを常に求めている。それには、本屋に直接出かけて行くことであり、棚の前に立って、本を手に取り、ページをめくることなのだ。

結局は、一冊一冊をどう並べていくかということがすべてであり、その構成要素となる本の選択にも、高い選択眼が必要となる。基礎となるのは、多方面にわたる知識だ。全部を知らなくとも、あのテーマだとこういう著者がいる。こういう本があったはずだ、といった想像力も必要とされる。ものを言うのは引き出しを自分の中にどれぐらい持っているかだ。

他者との関係の中に自分がいる

山口によると、幅は極めて好奇心が強いのだという。いま流行しているものを、どんなものでも決して排除しない。まずは興味を持ってみる。

「幅さんは、ジャック・ラカンの話をよくしますね。ラカンというのはポスト構造主義に影響を与えた精神分析家として知られる人ですが、自分がどうあるべきかということではなく、他人に対して、どういうイメージで対応するかという考え方の人です」

幅自身、「自分は一つではない。他の人の視線の数だけ無数にいると思っている」と言う。

「真っ白いキャンバスがあったとすると、僕の考える表現者は、そこに赤や黒や黄色をドン！　と置いていく感じ。でも、僕にはそれはできない。ここが赤だとすると、この辺は青でしょう、という感じで他の色に呼応して動いていくんです」

ラカンについては、やはり影響を受けていると明かす。

「自分探しなんて、くそくらえのラカンですね。自我そのものは空虚で、想像的なものにすぎないという考え方には驚きました。でもそれが不完全であるゆえに、面白いな、と。あと、彼の言語に対する考え方は、僕が本について考える時のヒントにもなっています」

普遍的、絶対的な自分がいるのではなく、他者との関係の中で自分が存在し、相手との関係を作る中に存在する自分が、その時の「私」ということになるのだろうか。重要なことは関係性という考え方である。それはコミュニケーションという言葉に置き換えることもできる。

他者との関係の中で自分を考えるという幅が、そういう価値観をいかに重要視しているかを物語るエピソードがある。

それは、自分の息子が生まれたときに、名前を「関他《かんた》」とつけようとしたというのだ。「関他」と書いて、「他者との関係」「他者と関係する」という意味を持たせたかったという。だが、姓名判断で画数が最悪と言われ、「貫太《かんた》」と名付けた。

自分と他者との関係を語る幅の話はとても興味深い。幅が編集する本棚は、こうでなければならないという「絶対性」ではなく、常に横にある作品や他の本との関係の中で、それぞれの本が選択され、組み合わされているのである。

幅の選書を支えているのは、並みはずれた読書量だ。ただ本人は、毎月何十冊、年間に何百冊読もうと、そのことにあまり拘泥してはいない。そういうことよりも、いかに自分に引きつけて読むかということを重視する。そうすることによって、記憶のされ方も違うと言う。

「自分という幹から伸びた枝葉のような感覚で本を扱っているということが、たぶんいろいろな本のことを覚えている理由なんでしょうね。だからあまり無理がない感じはしていいます」

ちょっとした体験でも、それに類するテーマの本があれば、あれはこうか、あの時こうだったというようにしてつなげたり、重ね合わせて読んでいくのだ。そうすればあまり興味のなかった分野の本も読めるという。

それは「本は愉しんで読むもので、苦労してまで読むものではない」と思っているからだ。本に対する向きあい方が、幅の話を聞いていると、単体の本の話だけに留まらないことに気づかされる。ある本のことが別の本と関わり、そこからまた別の本へと派生していく。体験も本との関わりで当たり前のように幅の中ではつながっている。

一冊の本を一枚の葉にたとえるならば、それは必ず他の葉と一群の緑を形成し、枝とつながっている。その枝は幹から出ていて、木もまた、何千本、何万本もの森の中の一本として存在している。本棚を編集するときのイメージは、記憶の仕方と深く関わっているのだろう。

第六章　落差のデザイン

——雑貨と本を一緒に売る

東京発の旅を演出

「トーキョーズ トーキョー羽田第二ターミナル店」

売れない本。町の中から消えていく本屋。本と本を取り巻く現状は厳しい。そんな中で、いままでになかった新しいスタイルのビジネスを考えたいという企業からも、本の力を求めるケースが増えている。

その一つが、羽田空港第二旅客ターミナルビル三階のマーケットプレイスに出来たスーベニアショップ「Ｔｏｋｙｏ's Ｔｏｋｙｏ」（以下「トーキョーズ トーキョー」）だ。

オープンは二〇〇九年二月。幅は、開設のときからプロデューサーとして関わった。この店は、これまでの空港内の土産物店とはずいぶんと雰囲気が違う。店の外観は白で統一。一見、化粧品かエステ用品の店かと勘違いしそうだ。店内の平台や壁も白を基調としている。バッグ、ハンカチ、ボディーケア商品、各種のペン、アイマスクなど、旅行に行くときに便利なさまざまな雑貨や、おもちゃなども売っているが、他と決定的に違うのは、本を商品構

「トーキョーズ トーキョー」羽田第2ターミナル店の店内。

成のなかにしっかりと位置付けていることだ。

「東京発の旅」をキーワードとし、東京に発着する人たちのために、「東京だから買える旅道具と東京土産を届ける」という視点で商品を選んでいるという。エディトリアルショップ＝編集型店舗として、空港では初めてのスタイルだ。広さは百七平方メートル。

目につくのは壁面の棚だ。九州から北海道までローカルエリア・地域別に分けられた棚に、それぞれの地域に対応した本が並べられている。

キラキラした店内に被爆の写真集

九州のコーナーにあったのは、日本を

代表する写真家、土門拳の名作『筑豊のこどもたち』。いまにも泣きだしそうな、目に一杯涙をためた女の子のアップの表紙。顔はススで汚れている。肩口が僅かに見える服は少しささくれだっている。

昭和三十年代半ば。福岡県の筑豊炭田の労働者たちの厳しい仕事と暮らしや、そこで生きる子供たちの現実を、土門拳がリアリズム写真集として撮り下ろした作品だ。土門拳の写真家としての原点ともなった作品と言われている。

中国地方の棚には、広島の原爆で亡くなった人たちが着ていた衣服を中心に撮影した石内都さんの『ひろしま』という写真集があった。白い地にぼろぼろのスカートが一点写っている。それがスカートだと分かったのは、写真集の索引に記されていたからで、一見してすぐにそれが何かは分からないほど、焼け焦げ、しわくちゃで色も褪《あ》せていた。そんな二つの写真集が、一点の曇りもないキラキラした店内に置かれていた。それをみた時、軽い衝撃があった。皮相な言い方かもしれないが、ふつうに考えれば、それらの写真集は、店の雰囲気とはまったく「そぐわない」と思われるほど違った世界を映していた。それなのに、ごく当たり前のような感じで溶け込んでいたのだ。

「本が目に入った時の驚きもありますが、いつもの旅行ガイドに載っている有名店でスイーツを食べたり、名所に行ったりするだけではない旅、つまりもっと個人的な感触をもとに、その旅先を味わってもらいたいのです」

と幅は語る。

宮沢賢治と出会う意味

トーキョーズ トーキョーは、羽田から地方へ行く人たちが東京のお土産を持っていくために入る店だ。同時に、ここから地方へと出かけるための「旅気分」で入るショップでもある。たとえそれが仕事であったとしても、やはり、どこかに「非日常」の感覚が入りこむ。本にまったく興味をもたない人もいるかもしれない。だが、そのうちの何人か、あるいは一人でも、「あれ?」という感じで手に取る可能性はある。場合によっては本を買っていく人もいるかもしれない。たとえ買わなくとも、何か記憶の断片のようなものを刻みつけるかもしれない。

東北地方のコーナーには宮沢賢治の『風の又三郎』が置いてあった。

「ふだんは宮沢賢治なんか読まない人、書店でも、文芸のコーナーには行かない人も、たまたま入ったスーベニアショップに並べてあったことで、きまぐれにでも手に取るかもしれない」と幅は言う。

ふつうの本屋は、基本的には本が好きな人の行く場所だと幅は考えている。どこに行けばどんな本があり、こんな本が欲しいので、あそこに行けばありそうだというイメージの地図ができているような人たちだ。しかし、幅は、「日ごろ本とはあまり接点のない、自分から積極的には本屋に行かないような人々に本を手に取ってもらいたい」と考えて棚を作っているという。

「旅の仕方が変わってきていると思うんです。以前はいわゆる観光名所を巡って記念写真という証拠を撮れば満足だったものが、個人的なもの、自分に価値をもたらすものかどうかという考え方で人は旅をするようになってきている。目的は、隠れキリシタンの里の教会でもいいし、一杯のビールでもいいわけです。そういう人にとって本もその役割を担えるのではないかと思うのです。たとえば、『風の又三郎』を読んで東北に辿りつけば、吹いている風の感じ方は絶対に一〇〇パーセント違う。そういうエアポート的ハイな気分を促すために、あそこに置いた本は機能させたいと思っています」

店の壁に作られた棚には、行き先別に本をそれぞれ三冊ずつ置いた。幅によれば、それは「言い切る強さ」が出るからだという。これが十冊だと「緩む」というのだ。特に、チェックインの簡素化により、人の滞留時間が短くなっている空港では。「この方面に行くなら、これを持っていくといいですよ」という、いわばプレゼンテーションできる本の数は、多ければいいというものではないらしい。

人と物の交差点

トーキョーズ トーキョーで面白いのは、本の並べ方を工夫しているだけでなく、本を別の商品や雑貨などと組み合わせていることだ。たとえばマグロなどの「寿司ダネ」のチョロQが平台に置いてあり、その横には『池波正太郎の銀座日記』と谷崎潤一郎『東西味くらべ』が置いてあった。

チョロQと本はまったくなんの関連もない。だが、寿司ダネと、食に関する本があることで、見る者は、なにかしら関連づけて考えたくなる。チョロQと本とのギャップに思わず「面白い！」と瞬間的に感じたことも確かだ。「ふーん」と思って本を手に取ってみる。そうやって、誰かがページをめくってくれれば、それは本との出会いの一つのチャンスが生まれたことになる。次につながる可能性がある。本という商品は、一冊一冊、そうやって、直接、手に取られて売れていくものだと幅は思っている。

「結局、本屋さんは、本を手に取ってもらい、一ページ開いてもらうまでしかできない。その本をどう読むかは読者の自由ですから。だから、まず一冊の本をどう選び、どう差し出したら、手に取る気になるのか？ それを丁寧に、脇をしめて、慮《おもんぱか》りながらやっていくしかない。大きな売上目標ももちろん大切だけれども、結局、誰かにとって特別な一冊になるような本を丁寧に積み重ねていくというのが、僕にとっては一番誠実なやり方なんだろうと思っています。

そして、内装やパブリシティーまで含めた差し出し方も吟味する。本は買わないけれど、スマートフォンの通信料にだったら一万円払うという人に、どうやって同じモチベーションで本を手に取ってもらうかを考えるんです」

トーキョーズ トーキョーは、まさに、その幅の考え方を体現したものと言えるだろう。

本と雑貨の相乗効果

店を作るに当たって、インテリアデザインは、先述の若手建築家として知られる中村拓志が担当した。

その中村が、いわば「器」に当たる店舗設計を担当し、ソフト面である店内のブックディレクションを幅が、また、商品のセレクトは山田遊、アートディレクションは植原亮輔といったクリエーターたちの知恵を結集してオープンしたのが、トーキョーズ トーキョーだった。容れ物と中身が最初からセットで考えられている点が、他の土産物店とは違っていた。トータルのコンセプトがはっきりしているのだ。

店がオープンしたあとのお客からの反応はすこぶる良かった。

「第一ターミナルビルにはないのか」

「こんな店がほしかった。他には、同じような店はないのか」といった問い合わせが相次いだ、と空港ビル関係者は話す。

トーキョーズ トーキョーの場合、運営しているのは、日本空港ビルデング株式会社。トーキョーズ トーキョーは直営の店なのだが、第二ターミナルビルが完成し、マーケットプレイスを商業の集積地として盛り上げていきたいと考えて作った店だ。

同社事業開発本部事業企画部の倉富裕は、客の反応についてこう語る。

「みなさん、はじめは何の店か分からない感じで入ってくるんです。ぶらりとやってきて、平台の商品とかを見ている。ポップがあり、ふと顔を上げるとそこに本がある。それで本を手に取ったりして、長く滞在している人は三十分ぐらい居ますね。本から入って雑貨に行くというような行動パターンが見られます」

客の購買行動が、本とグッズの組み合わせに影響されていることが垣間見える気がする話だった。

同部の平野京介はこう話す。

「ストーリーがあるんです。確かに土産物店ではあるんですが、あの店は、お土産にプラス旅の道具がある。でもそれは町中にあるような物ではない。だから特別な想いで買っていくようです。たとえば、ファッション指輪などはとてもよく売れます。沖縄へ行くとしましょう。そういう時におしゃれな指輪をしていきたい。雑貨によって次のデスティネーションという空間で、これから向かう場所にイメージを膨らませるのだ。

本と雑貨の組み合わせによる相乗効果とでもいおうか。客は、トーキョーズ　トーキョー（目的地）に想いを馳《は》せる。そんな感覚を持つようです」

表参道の共通言語

［トーキョーズ　トーキョー東急プラザ表参道原宿店］

二〇一二年四月、東京・表参道に独特の形をしたビルが完成した。「東急プラザ表参道原宿」だ。衣料などファションを中心としたショップや雑貨店、レストランが集合的に入っている。

ガラス張りの建物に、茶色の王冠をかぶせたような外観。場所は表参道と明治通りが交差する神宮前交差点。以前は「ＧＡＰ」のあった所。若者たちが集まる都内でも有数の人気エリアの新しい顔として注目されている。

屋上部分も入れて七階建て。入口には、多面体のミラーが取り付けられていて、エスカレーターで建物のなかに吸い込まれていくような設計になっている。入口付近に行けば、自分の姿が鏡に映し出され、建物に入る人たちも、いろいろな角度に設定された鏡に自分の姿が映る仕掛けだ。万華鏡の中に入り込んだような感じになる。

このビルの設計を手掛けたのは、トーキョーズ　トーキョーで幅と一緒に仕事をした中村拓志だ。多くの建築家によるコンペで、中村のプランが採用された。二十七の店が入り、その中に、トーキョーズ トーキョーが新しい店をオープンさせた。幅はその店にも関わっている。

東急プラザの五階。エスカレーターで上がると、自然光を広く取り入れた開放的なフロアに出る。店ごとの区切りがなく、トーキョーズ トーキョーも、エスカレーターからそのまま、すんなりとショップへと導かれるようになっている。商品構成は、本と雑貨。エディトリアルショップ＝編集型店舗であり、羽田店と同じ性格を持つ店だ。しかし、羽田とは違う点がある。

最大の違いは、羽田のように土産物店ではないことである。原宿・表参道といった、若者が多く、ショッピングや、無目的に集まる人の多い場所だということが店の性格を特徴付けている。

漫画・アニメとそれに関する雑貨を売る店で、行くと楽しくなるような仕掛けが随所に施してある。ショップの正面には本の形をした白い電光掲示板のようなものがある。その中に漫画の吹き出しがあり、セリフが表示される。一定の時間で変わっていく仕組みで、セリフは幅が店内に揃えた漫画、アニメの中から抜粋していた。

店内は平台と棚に分かれているが、五つある平台は、それぞれ仕切りが入っていて、漫画のコマ割りと同じ形をしていた。つまり平台一個が、漫画本の一ページを型取っているのだ。

壁面に作られた棚も同様で、斜めになった棚もあり、コマ割りのデザインになっている。棚自体もコミックのページを開いた形で、棚の前面が曲線になっていた。店全体が漫画の本の中に入ったようなイメージで作られている。この棚や平台の中に、幅が選んだ漫画やアニメ関連の本と雑貨が並べられている。

トーキョーズ トーキョーでは、当初からこうした店にすると決めてはいなかった。

「いろいろな人たちが集まってくる町、しかも若い人が多く、これだけ価値観が多様化していると、どんな性格の店にするかというのはなかなか難しい。そんな中で、この場所に来る人たちの共通言語は何だろうと考えたんです。表参道を歩く大人と、原宿を歩く若い人がシェアできるもの。それはやはりいまの時代なら漫画やアニメじゃないか。それならば多くの人たちに関心を持ってもらえるような気がしました」

と幅は言う。

呼び覚まされる時代の記憶

店はオープンな造りなので開放感があり、商品の楽しさが全体から伝わってくる。

ある棚には、「steteco.com」という文字の入った箱いりの下着。ステテコのことだ。一見それとは分かりにくいほどおしゃれな感じだが、そのすぐ横に赤塚不二夫の『天才バカボ

「東急プラザ表参道原宿店」ではマンガのコマ割りが棚のデザインに用いられた。

ン』の漫画があった。バカボンとステテコは、イメージが重なりあうが、分かっていても、思わず顔がほころんだ。

別の平台には、さまざまな形のタワーが陳列してある。横には、浦沢直樹の漫画『20世紀少年』や西岸良平『夕焼けの詩』、『三丁目の夕日　傑作集』。『三丁目の夕日』の時代は、東京タワーが建設されていく昭和三十年代初頭。映画『ALWAYS 三丁目の夕日』の影響もあり、誰もがすぐに、「タワー」と「昭和30年代」を結びつけて思い浮かべるだろう。

幅の編集の面白いところは、キーとなる本から、派生させる本の並びだ。この平台には、写真集『EXPO'70～驚愕！　大阪万国博覧会のすべて』と『ぼくらが夢見た未来都市』（五十嵐太郎・磯達雄）という新書も並べてあった。

言うまでもなく、『EXPO'70』は、『三丁目の夕日』の時代から高度経済成長へと駆けのぼっていった日本社会の、一つのピークを示すイベントだった。『20世紀少年』は、そうした戦後日本の成長期の子供たちの物語でもある。私自身は、まさにその時代に幼少期を過ごし、日本の経済成長を身をもって体験した世代で、『ぼくらが夢見た未来都市』という新書のタイトルは、ことさら興味深く映った。

そう思うこと自体、まさに幅のディレクションに「乗せられた」ようなものなのだが、漫画のコマの形に仕切られた、さほど大きくもない平台を眺めているだけで、「ある時代」の記憶が連想ゲームのように浮かび上がってきた。

羽田店と原宿店の違い

「今回、漫画というお店のテーマがあったので、とにかくポジティブにしたかった。こんな時代なので、とにかく、明るい店ということを考えました」

そう語るのは、幅とともに雑貨の商品構成や、店のプロデュースにも関わったクリエイティブディレクターで、バイヤーの山田遊だ。山田は、羽田空港店を作るときにもグッズを担当していた。幅とは気ごころも知れているので、ある程度気持ちを慮りつつ、商品を売るためのセレクトをしたというが、羽田店とは全く性格や条件の違う店なので、雑貨の選択と配置には相当に時間をかけた。

「羽田店が原宿と違う点は明確なテーマ性があるということです。しかも、空港にはそれまであまりいい土産物店がなかった。ですから僕らが、町でいい店や面白いと思った店を空港に持っていけば、空港の人にもいいだろうと考えました。でも原宿は街場の店。明確に精度を上げて、店が一つの人格を持っていないときついんです。だから、ここでは、漫画という人格を決めて、それから内装を設計するという順序でした。

だけど、商品を並べる枠が漫画のコマのように区切られているため、商品構成がそれによって限定されてしまうという難しさもありました。つまり、一コマ一コマで世界観が完結しないといけない。グッズが一コマには収まらず、はみ出てはダメなんです。しかも、一コマずつ独立しながら、全体で流れを作る必要がある。普通の棚は区切りがないので自由ですが、その点がまったく違っていました」

もう一点、山田が強調したのは本とグッズの関係だ。山田によると、テーマとしては本が主で物が従のように見えるが、店である以上、最後は物が売れてなんぼの世界。売り上げが大事で、本ばかり売れてはいけないのだという。利益率が低くなるからだ。本や漫画は誘い水、入口であり、漫画を売る店ではない。本を入り口にしながら最後は物を売らないといけないという。

「幅さんの本の並びもそうですが、最初、メインの本があって、そこからつなげて編集していく。僕のグッズも、幅さんの本があれば、そこに合わせて物一個を対応させて、広げていくという感じで集めました。

僕が幅さんと一緒に店を作っていて楽しいのは、物のポテンシャルをものすごく引き上げてくれるからなんですよ。物と物、物と本を関連させることで、言わんとするイメージが、ワーッと立ち上がってくる。意図することを言葉が伝えてくれる。接客もコミュニケーションであることと同じように、（本や漫画の）言葉の力って凄いなと思いますね」

美術館をひきたてる店

「スーベニアフロムトーキョー」

トーキョーズ トーキョーで幅とコンビを組んだ山田は、その前にも大きな仕事を手掛けていた。東京・六本木にある国立新美術館のミュージアムショップ「スーベニアフロムトーキョー」（以下SFT）である。

国立新美術館がオープンしたのは二〇〇七年。波打つような曲線の特徴的な外観を持ち、黒川紀章が設計したことで、オープン当時から注目された。そんな中で話題を呼んだのが、地下にあるミュージアムショップの存在だった。

美術館の中に入ると広々としたフロアがある。地下に向かうエスカレーターで降りて行くと、そこがSFTだ。

フローリングの床。壁は白を基調としている。大小さまざまの白い箱型の平台があちこちに置かれ、文房具や、ポストカード、Tシャツ、マグカップ、カレンダー、小皿、お椀、グラス、食器、プラモデル、折り紙などを始めとして、食卓用品、日用品、衣類、玩具、子供用品など、ブランド品からキッチュなものまでグッズが揃っている。一見、全体としては脈絡なく、いろいろなものがにぎやかに並べられている感じがするが、一つひとつの商品はこだわりを持って選んでいる。しっかりとしたセレクトと、さまざまな物が一堂に会して、楽しそうにざわめいているといった印象だ。

そんな中に、単行本や新書、文庫本、写真集、絵本などが平台に置かれていたり、棚に並べられていたりする。トーキョーズ トーキョーのような目的地別のセレクトではないが、雑貨と本との組み合わせの妙が存分に発揮されている。

あらゆるものが等価に結びつく

山田がそれまで手がけてきた店は、物と本が分かれていたが、幅と組んだSFTで、物と本を一緒に並べる仕事ができたと言う。

このショップを作るに当たって、幅は自分たちの価値観について書いている。それが店内に文章化され掲示されていた。

「私たちには見えます。『あらゆるもの』が、等価に結びついている風景が。最新のもの、古くて懐かしいもの、エレガントな高級品、キッチュで愉快な日用品、土着のもの、遠くでできたもの、有名人が作ったもの、アノニマス（注・正体不明）なもの、そのどれもが同じ地平に立つ風景。そしてその場所で営まれるのは誰かが既に決めてしまった『あらゆるもの』のイメージを軽々と逸脱し、圧倒的な編集能力をもって、新鮮な驚きを形づくること。私たちが暮らす、ここ東京では、そんなものの見方やつくり方をすることができます。そしてその姿勢こそがSUSHIとかSUMOとかの次に、私たちが世界に向けて発信したいと

美術館のショップのイメージを変えた「スーベニアフロムトーキョー」。

願う一つのやり方です」

落差のデザイン

どんなものでも等価値と考える幅にとって、哲学書の横に漫画があっても構わない。むしろそれは面白いことだ。そんな幅の編集の方法は、「落差のデザイン」だと評するのが、建築家の中村拓志だ。

「たとえば高尚な物の横に、ベタな本を置くというやり方です。東山魁夷の『北欧紀行 古き町にて』の傍らに、可愛らしい北欧デザインの紹介本や、ムーミンの絵本などを置くのは典型的な例かもしれません」

なぜそういう「落差のデザイン」を用

いるのか。中村は、自分たちの世代の考え方と関係があると分析する。中村の世代は、哲学書もマンガも同じように読んで育ってきたからだというのだ。

「マンガは浅いっていう固定観念がありますけど、浅いか深いかは、読み手自身の読み方によるんです。マンガでも読み手によっていくらでも深くなっていくということを僕らは知っています。だから幅君が張ったリンクによって、幅君がマンガに見いだしている深みみたいなものも伝わってくる。もちろん、それはこっちの勝手な思い込みかもしれないんだけど、すでにそういう考えを誘発させている時点で幅君の術中にはまっているんですよ。いずれにしても、それぞれの媒体に魅力があって、その楽しさをきちんと評価していく。状況に応じて評価を変えていくし、そういう身体感覚があるんです」

しかし、自分たちより上の世代、ことに戦後まもなく生まれた団塊の世代から五十代ぐらいまでは、そうではないと言う。

「その違いは、車の買い方に似ているんですよ。たとえば最初はカローラを買い、次にマークII、さらにクラウンというような、だんだん車のグレードが上がっていくような買い方、階層を上がっていくような消費の仕方が前の世代にはあったわけです。でも、僕らは、そういうことに何の魅力も感じないんです」

価値の階層性より面白さ

それは、戦後の物のない時代から、少しずつ生活を再建し、電化製品を買い揃え、家を大きくし、やがて車を持てる時代になった世代の価値観だと中村は言う。

高度経済成長の時代、国の経済力は上がり、個人の生活レベルも向上した。誰もが会社をはじめとした組織の中で、下から上へと一つでも上のポストを目指して頑張った。経済は常に右肩上がりに上がっていくということを信じることができた。あらゆるものが「下」から「上」へのベクトルで動いていた時代だった。

だが、中村の話を聴いていると、そんな時代はもはや終わっているのだと否応なく感じさせられる。次の世代、若い世代は、もはやそういう「価値の階層」という「権威」のようなものでは心が動かないからだ。その人にとって、それが面白いかどうか。快か不快か。役に立つかどうかの方が重要なのだ。だから、中村が言った「高尚なものの横に、ベタなものを置く」というのは、厳密にいえば「高尚と思われているものの横に、ベタと思われているものを置く」というのが正しいのかもしれない。

世代論で語ることを幅はあまり好まないが、やはり高度経済成長時代の大人たちの価値観とは明らかに異なる考え方を持っている。幅によれば、いまの大学生は、電子書籍で青空文庫を無料で読み、自分が生まれる以前の作品をまったくフラットに『古典』として扱うという。

青空文庫というのは、日本国内での著作権が消滅したり、著作権者が利用を許諾した作品を収集・公開しているインターネット上の電子図書館だ。

なぜ、幅や中村の世代は、あらゆるものの価値に上下をつけず、等価として捉えることができるのか。そう尋ねたら、中村は次のように説明してくれた。

「新聞しかない世の中に、カラーテレビが登場して興奮しているような時代ではなく、生まれたときからテレビはもちろんのこと、いろいろなメディアが存在し、大学生のころにはインターネットも出てきました。その後ブログも始まったりと、いろいろなメディアが重なり合った環境を当たり前の時代と思って生きてきたからです」

都市の冒険者 「CIBONE Aoyama」

SFTについて語るとき、忘れてはならない企業がある。SFTの店舗を開発、運営している株式会社ウェルカムだ。そこが別に運営する「CIBONE」(以下シボネ)は、家具や衣料、雑貨、インテリアグッズの店で、「エディトリアルショップ」を標榜している。

シボネは、都会的な洗練された暮らしや、そういうライフスタイルに憧れる人たちに向けた品ぞろえと店造りで知られている。

東京・港区北青山と目黒区自由が丘に店舗（自由が丘店は二〇一二年三月から「トゥディズスペシャル自由が丘」にリニューアル）があり、本のショップも併設している。幅はこのシボネの選書に関わっている。

東京の青山通り沿い、ベルコモンズの中にあるシボネ青山店を訪ねてみた。

生活空間を演出するという考え方を掲げているだけあり、テーブル、椅子、ソファ、皿やお椀、グラス、ナイフなどの食器や文房具など、どれも手に取りたくなるような商品が、とてもセンスよく並べてある。商品の多さが「売り」の家具店とは明らかに違ったたたずまいだった。生活用品の一つひとつが個性的で、暮らしの夢を掻き立てるような雰囲気がある。

フロアのちょっとした空間にラックがあり、さりげなく文庫本などが立てかけてあるなど商品と本が当たり前のように組み合わされて売られている。

シボネがオープンしたのは二〇〇六年だが、幅が関わる前から、シボネでは商品のメッセージを、顧客により明確に伝えるために本を重要な要素と考え、本と商品を組み合わせた売り場作りに挑戦していた。

ただ、「建築」や「スタイル」「アート」などの本を中心にフロアに置いてみたものの、どうしても偏りが出てしまう。ライフスタイルの提案という、店のメッセージをもう一つうまく伝えることができていないと感じていた。

同社広報の中塚基宏は「もっと何か楽しめるものが欲しいと思っても、どう本を選べばいいのか、なかなか難しかったのです」と言う。本のディレクションを誰かに頼めないか。そう考えていた時に名前が上がったのが幅だった。

シボネが幅に依頼したのは、「アーバン・アドベンチャー」（都会の冒険家）というテーマでの編集だった。冒険家は、危険も顧みず、未開の地を探し求める人間たちのことだが、都市という世界にも〝冒険〟があるという捉え方で、都市生活を表現しようというものだった。

幅がまずイメージしたのは、都市生活の冒険家としての著名人だった。白洲次郎や伊丹十三、植草甚一だ。知識人でありながら洒落者《しゃれもの》としても知られた人たち。他の誰も追随できない個性と仕事の実績を持っていた。都市生活者独特のスタイルを持ち、同じ都市で生活する者に、強烈な憧れを抱かせる人物たちだ。「もし彼らが現代に生きていたら、家の本棚はこんな風だったに違いない」というテーマで幅は本棚をつくった。

この三人の本はもちろんのこと、幅は家具の本以外に、『野鳥図鑑』などの図鑑類もそろえた。魚の美しい下ろし方に関しての本もラインアップにいれた。都会の冒険家たるもの、空飛ぶ鳥の名が分かったり、魚の下ろし方に詳しいはず！　と幅は考えたのだった。

先の三人から想起されるものは、暮らしへのこだわりだ。お仕着せのものをただ消費するのではなく、自分の暮らしの細部を大切にする。そういうライフスタイルと、図鑑や魚の下ろし方はぴったりとくる。それらの本を洗練された家具や調度品の横に置くことで、生活全体の豊かさのようなものが想起させる狙いだった。

「シボネ青山店」のB2にある本とCDを扱ったスペース。

中塚によると、幅が本を並べるようになってから、新しいお客が増えたという。それまでは、目的買いで来る人か、クリエーターが多かったが、カップルで訪れる人たちが目立って増えた。「本と商品の組み合わせによって、都市の冒険家である仮想シボネ氏が浮かびあがったようだ」と感じた。それは、買い手にとって、物を選び、どんな暮らし方をするかというときのヒントになる。

株式会社ウェルカム代表取締役の横川正紀は、商品と本の組み合わせの魅力について次のように話す。

「物と本の組み合わせは不思議です。一＋一＝二以上になるんですよ。商品も本も、ふつうにいままであったものです。でも、本はバーチャルな世界のもので、物（商品）はリアリティの世界。それが横に並ぶことによって時空が広がるんです。たとえば、ここにマグカップがあるとします。マグカップの横に、ふつうだと『ホットチョコレートの作り方』の本などを置くんです。でも、幅君だと、そこに小説を置く。すると時空が広がって、マグカップで飲んでいることによって生まれる時間を想像できるんですね。マグカップを見ているとマグカップでしかない。本を見ていると本でしかない。でも、その点と点がつながった瞬間に時空が生まれるということなんです。それがすごく豊かなものに感じるんですね」

本と他の物、たとえば雑貨が組み合わされると、見る者の頭の中で、予想もしなかったイメージや、感情が湧き上がってくる。シボネを経営する横川が言ったように、物は単体でそこにあるだけでは一つの物にすぎない。本もまた同じだ。しかし、それを組み合わせることで、点と点がつながり、豊かな時空が生まれる。その瞬間、人は、とても心地よい気持ちになったり、夢を描きたくなったり、前向きな感情が湧いたりするのだろう。

ただ、物と本を組み合わせればいいというものではない。物とそれに類する本を組み合わせても、あまり面白みはない。説明的になってしまうからだ。それだと本が物を補足する関係でしかない。

しかし、物と本のギャップがあるほど、驚き、感情が揺さぶられる。「落差のデザイン」

という方法だ。それは、物と本との関係の中だけでなく、本と本でも同じことである。「哲学書とマンガ」、「スポーツと政治」「小説と写真集」等々、テーマや、本の種類によってギャップを作りだす。

それを可能にするのは、幅が国立新美術館のスーベニアショップ、スーベニアフロムトーキョーの棚を担当したときに書いた、「『あらゆるもの』が、等価に結びついている風景」という感性である。

価値に上下を付けない。そういう考え方に魅力を感じない。それよりも、優先するのは、その人、つまりは一人ひとりにとって面白いこと、心が動かされることだ。それが哲学書に書かれていることとマンガに描かれていることと、同じ面白さで受け止められるなら、両者は、その人にとって等価なのだ。

そんな感性、感じ方、考え方で、ものを見、選ぶ人たちがまちがいなく増えてきているのではないか。高度経済成長を経て、一定の豊かさを多くの人たちが得た社会の価値観は「タテ」ではなく「ヨコ」でどうつながり、関係していくかということのようにも思える。

第七章　BACHの仕事

——チームでつくる本棚

身軽さを武器にスタート

多方面にわたる幅の仕事は、幅が代表を務めるBACHを抜きには語れない。幅の仕事は、幅個人の才覚と同時に、BACHというチームによって機能しているからだ。

同社には、幅を入れて四人の社員がいる。社員の一人で取締役の藏所知司はBACH設立時からのメンバーだ。

本棚に本を並べる作業は、まず、セグメントごとに置いていくが、最初から完成形を狙っていくわけではない。まず大まかな柱となるような選書をみんなで行い、その上で幅が過不足を調整、ブラッシュアップしていくケースも多い。藏所は、幅の片腕として、さまざまな本棚作りに携わってきた。

BACHの創設は二〇〇五年。藏所は、BACHに入る前は、東京の代官山にある洋楽CDのセレクトショップに勤め、バイヤーなどの仕事をしていた。音楽が好きで入った会社だった。オリジナルCDの営業の手伝いもしていた時に、たまたま友人を介して幅を紹介されたのが幅だった。

当時幅は、TSUTAYA TOKYO ROPPONGIのブックディレクションに関わり、一つの大きな仕事を成功させ、独立を考えていたときでもあった。幅の周辺には、『R25』や『TRANSIT』をのちに手がけることになるデザイナーの尾原史和（スープ・デザイン代表）や、本のセレクトショップを始めていたユトレヒトの江口宏志などがいた。彼らや幅と何度も会ううちに、「何か一緒にやってみよう」ということになり、立ち上げたのがBACHだった。

藏所は音楽には詳しかったが、本に関しては素人だった。

「でも職種は気にしていませんでした。というのは、本とCDって共通した点が多かったからです」

本とCDのサイズは似ていたし、パッケージ商品として持ち帰れるという点は同じだった。余暇に愉しむものということも共通していた。流通の経路も似通っていた。メーカーからディストリビューターという、流通業者を通して消費者の手に渡るという仕組みだ。

「本も物として見ればCDと同じだと思ったんです」

会社を立ち上げるに当たって、在庫を持たないビジネスにしたいと思った。バイヤーとしての経験から、買い切りにした方が責任を持って「売ることができる」と感じていたからだ。

また、ＢＯＯＫ２４６などでの幅の実績から、在庫を持たずに本の仕事ができるのではないかという感触もあったという。

在庫なしの本のビジネスというのは、「新しい」スタイルだった。ブックディレクションという仕事のモデルもなく、身軽さだけを武器にスタートした。

裏方から表に出てきた本

以来、七年あまりが経ち、ＢＡＣＨに「本棚を作ってほしい」という依頼は増え続けている。また依頼先の業種、企業、団体も広がり続けている。ＢＡＣＨの仕事は、着実に社会に浸透していると言ってもいいだろう。藏所は、本棚の編集が幅広く求められるようになったことをどう考えているのだろうか。

「この七年間というのは、本がインテリアの一部として捉えられるようになったのと重なっているように思えます。それまで本は〝裏方〟でした。それをディスプレイの素材として扱うようになった。本が好きな人や、本に特別の感情を持っている人は、本をそんな風に扱ってはいけないと考えるでしょうが、本が町のいたる所でふつうに見られるようになるにつれ、潜在意識として記憶されるようになったことは確かです。また本棚のある風景が雑誌で紹介されるようになり、何かを作ったり、始めたりするとき、本棚を作ってみようというようになったのだと思います」

　藏所によると、二年ほど前からマンションの公共スペースに、本棚を作るケースがものすごく増えているという。何十万円もするようなソファや家具などを置くより、本棚の方が身近な物として感じられるからではないかと話す。

　本棚と本は、単純に「本離れ」「活字離れ」と言われるのと裏腹に、利用価値が高まっているように思える。ただ藏所は、単なるインテリアとしてだけ使われることには抵抗を感じるとも言う。

「やはり、本を手に取って開いてもらうことが大切だと思います。それがあれば、さらにそこから先へとつながっていくものがありますから」

　本棚を作ることで、本棚を置く空間そのもの、たとえばインテリアなどが変わることもある。本棚が、建築や内装に影響を与えていくのだ。そういう関係を作ることができれば面白いのだという。

　その一つの例が、表参道に出来たトーキョーズ トーキョーだ。詳細は先述したが、これは、本と雑貨の店として、最初からコンセプト作りに関わった。そこでは、本棚だけを別個に作ったのではなく、ショップ全体の設計に深く関与していた。

選書の重み

こうした店の「プロデュース」に関わる仕事と、ライブラリーとして本棚を作る場合とでは、仕事の仕方や責任の大きさも異なってくる。端的に言うなら、前者は、店の売り上げに責任をもつ割合が高くなる。後者は、依頼主も売り上げと直接結びつけては考えない。

本棚を通して、プロデュースに関わったときは、短期間で本の並びを変えたり、本を入れ替える必要も出てくる。本屋や、本と雑貨などを組み合わせた店などでは、そうした本の「メンテナンス」を定期的に行うという。

トーキョーズ トーキョーなどは、典型的な例だ。羽田空港の店も表参道の店も、開設当初の棚とは並びが変わっている。雑貨との組み合わせ、比率なども時間の経過とともに変化していく。本棚は、ショップの利益との関わりの中で、常に変更を迫られていくのだ。

一方、あるメッセージを表現するために作られたようなライブラリーは、いったん棚を作れば、ほぼ固定化される。メンテナンスはほとんど必要でなくなる。

本屋でも、それほど売り上げ一辺倒で考えないケースもある。その一つが、東京・銀座の東急ハンズ銀座店にある「ハンズ ブックス」だ。ここは月一回のメンテナンスを行っている。

ハンズ ブックスは、「手の復権」をテーマにした本屋で、「リビングルーム」「ガレージ」「ガーデン」「キッチン」など、手仕事に関わる生活のシーンごとに本棚を区分してあり、総合書店の分類の枠を取っ払っている。ハンズファンにとっての東急ハンズを、より上手に使いこなすためのインデックスショップというのがコンセプトでもある。

担当するのは、BACHのもう一人の社員、山口博之だ。

「お店で行うメンテナンス以外には、こまめに新刊を提案しています。ただ、現場に出ていないと何が売れて、何が売れていないというリアルな判断ができないので、現場の判断を入れてもらい、何を発注するかを決めていきます。世の中で売れている本だからといって、うちが関わっている店で同じ本が売れるとは限らない。お客さんが必ずしもベストセラーを期待して来てはいないんですね。その店だから出会える本を置いているので、ここで買おう、買いたいと思ってもらえるかが大切。他の書店の売れ筋とは違うことも多いんです」

山口は、「ハンズだから売れるという本が出てくる。なぜこれが売れるのかというような本が必ずある。しかしそういう本が作れたときの方が喜ばれるし、お客さんとの距離が近づくような気がする」と語る。

「ハンズ ブックスは、売り上げを立てていくだけでなく、東急ハンズのフロア商品との連動で考えている店です。本は、他の売り場にいい影響を与えたり、ハンズで売っている物と同じように生活をほんの少しでも変えたり、楽しいからまた来ようというきっかけになる役割も担っています」

ハンズ ブックスのほか、山口は「CIBONE」、代官山や丸の内のセレクトショップ

「マルティーニーク」や新宿マルイアネックスの「模型ファクトリー」なども担当している。

町を歩いて人を観察する

山口が幅と出会ったのは、アルバイトとして、BOOK246の面接を受けたときだった。そのときの幅は髪を金色に染めていて、いまでも強烈に印象に残っている。

知り合いに話を聞いて、何も知らずに受けた面接で、いきなり、『ハリー・ポッター』を店に置くことをどう思うか、ベストセラーを小さい店で扱うことについてどう考えるかなどと質問をされた。山口は、それに対して、「必要であれば文脈で考えて、良ければ置きたい」と答えたという。そこで採用された山口は、その後、幅と藏所が設立したBACHに〇六年に入った。

山口はまだ三十代前半と若いが、藏所に言わせると、本についての知識は相当なものがあり、内容までよく分かっているという。ある著者について、その著者の書いてきた一連の本を〝文脈〟として捉えるのが上手く、「こういうのを書いているから、こうだ」と分析する。

もともと編集に興味があり、BACHでも、本の情報を自分なりの言葉でまとめて、ニュースとしてクライアントに流している。海外の新刊情報も、海外のメジャーな書店のホームページに直接アクセスして調べ、「BACHのおススメ新刊情報」として配信したりもする。

一回あたり五十冊から六十冊ぐらいを紹介するという。ハンズブックス、CIBONEや、ブルックリンパーラーなどBACHの関連書店にも提供している。

BACHでは、幅と藏所、それに山口を入れて三人で選書も本の購入も行う。時には一緒に書店（古書店も含む）を回って本を集め、読んだ本を出しあって、依頼主の狙いにあったリストを作るが、山口は、選書するために自分なりのマーケティングをしているという。

一つは、依頼主の所在地の近くの駅のカフェに行き、コーヒーを飲みながら道行く人たちを観察することだ。服装や、どんな人たちがその町には多いのかなど、特徴や性格を探るのだ。町の特集をしている雑誌があれば、それにも目を通し、現地で確かめることもする。

「おしゃれな町というイメージを持たれているのに、実際は若い子に限らず、けっこう年配の方が多かったりすることがあります。世の中に流布していることと実際は違っていたりするので、机上で判断すると間違いますね」

ブックディレクターとして知られる幅は、メディアの前面に出ることが多い。だが、藏所と山口がそれぞれの持ち味を生かし、チームとしてBACHならではの「選書」のスタイルを作り上げている。もちろん、選書には二つとして同じものはなく、三人いれば三様の棚が生まれる。感性や考え方が違う以上当然なのだが、「BACH的選書」のスタンダードはあるという。

その前に、本棚の編集の流れについて、少し触れておく必要がある。

まず、仕事は依頼主からのオファーで始まる。依頼主が求めるものや意向を聞き、どういう本棚にするかの大体のイメージを固めて、プレゼンテーションをする。

この段階で、本棚の分類の要素となるセグメントを提示し、「各セグメントごとに、こんな本を並べていく」という実際の書籍を具体的に見せながら示すという。

このプロセスの中で「キモ」となるのはセグメントだ。

「セグメントというのは言ってみれば、コピーライティングです。その基本は幅が考えます」と藏所は言う。

その時にセグメントに合わせて、どんな本を選書するかも重要なポイントだ。

「そのときどきでこれをお薦めしたいというのは当然あります。しかしこちらが提案したい本だけだと、クライアントや、そのお店を利用する人にとって、いい本棚にはならないんです。ショップだったり、ライブラリーだったり、そこを運営している人たちが何を求めているか、またそこに来る人たちが何を薦められると嬉しいかを考えないといけない。仮に選書の段階で、僕らが読んでめちゃめちゃ面白かったという本があっても、その場所の磁場に合わなければリストには入れませんし、入れてもおかしくない場所であっても、お客様の年齢層と違っていれば入れません。男性向けか女性向けかによっても変わってきます。具体的なリストがあるわけではありませんが、ＢＡＣＨ的なベーシックのようなもの、考え方があって、その考え方のもとでお店やライブラリーに合わせて選書をしていくというやり方ですね」

BACH的とは何か

藏所によると、店やライブラリーごとにまったく違う本棚を作るわけではない。どんな店、どんな場所でも必ずベーシックとなるような本があるという。それが「キーブック」というものだ。

「そのキーブックを何にするか、そして、何をくっつけていくかで棚が変化するんです。その時にくっつける本が、クライアントや利用する人に合わせた本ということになります」

中には、本棚の中でのつながりを楽しんでもらうために、表紙のビジュアル重視で並べているアイキャッチの本もある。

リストを作る具体的な作業としては、クライアントにプレゼンテーションをするときに、まず仮のセグメントを提案する。その際、キーブックとなるような本を入れ、そこから関連づけたり、イメージを広げたようなものを作るのだという。そして一度大雑把なリストを作り、これは入れる、入れないという、煮詰める作業を行っていく。

「リストを作るときに、まず思い浮かぶタイトルがBACHのベーシックなものなのではないかと思っています。夏目漱石の『草枕』などは思い浮かべやすい本の一つで、たぶんそういったタイトルがいくつもあるのだと思うのですが、キーブックは一人ひとり違うし、季節や気分でも違ってきます。東日本大震災の前と後でも変わってきていますね」

チームとして戦略的に共有するような本についての話はあまりしないという。しかし、日ごろから、いろいろな本について、「これ良かったよね」とか、「これは面白かった」という話をしている。

「そんな中から、あ、ＢＡＣＨっぽい本ってこれなんだとか、幅のアンテナにひっかかっているのはこれなんだというのを共有できているのかもしれません。それと経験的直感ですね」

と藏所は言った。

「経験的直感」というのは、まだ読んでいない新刊などを、自分の読書地図にマッピングしていく能力のようなものだという。新刊リストを見て、タイトル、著者、出版社、装丁家を見れば、これはいけるというようなことが分かるのだという。藏所は、自身について「すべての本の内容を知っているわけではない」と話す。もともと音楽系でもあり、読書家でもないと分かっている。

逆説めくが、その方が本を客観的に見ることができる、と藏所は言う。反対に、ものすごく本が好きな人、本に思い入れのある人の方が、いっしょに本を並べてほしいと言われると、戸惑うのではないかとも。というのも、本の中身に自身が入り込み過ぎると、心の余白がなくなって、なぜこの本がここに入っているのかと思ったりするからだ。本との距離と余白が保てているから面白がれる。思い入れがあってもいいが、その思い入れをちょっと横に置くことができるかどうかが大事な所だ。個人的な思い入れをどうしても伝えたいという人は、本棚の編集では苦労するらしい。

本との距離感

本が嫌いではもちろんダメだろう。しかし、本が好きというだけでもダメ。好きな本を、いったんつき離して客観的に見る。自分以外の誰かが、これを読んだらどんな風に思ってくれるだろうという想像力。他人の「読み」を承認する余白の部分。この距離感のようなものが、どうやら本棚の編集という仕事の一つのポイントのようだ。それは、幅がしばしば語る、「本を読むことも好きだが、読んだ本について会話をしたり、本を通してコミュニケーションを図ることはもっと楽しいし、大事なこと」という話と通底するものがあるように思える。ところで、これまでになかった本棚の編集という仕事は、ビジネスとしてどのように成り立っているのだろうか。

そもそもＢＡＣＨの仕事は、店舗を持たずに本に関わる仕事だ。その意味では、本というハードウェアを扱いながらも、「売り」は「選書」というソフトウェアである。しかし、先行するビジネスモデルがなかっただけに、最初は、依頼主からの「言い値」で仕事を受けていたという。現在はもちろん料金の設定はされているが、大きく分けると規模と内容で決まってくる。

たとえば、一千冊の本棚を作る場合、一千冊のそれぞれの本の価格の総和と、プラス選書をするためのギャランティーということになる。

ギャランティーの部分は、これまでの経験値でまかなえる内容なのか、したことのないような選書なのかで、変わってくる。前例がない場合、それだけ時間が余計にかかるし、勉強もしないといけない。また本の購入にも新たな労力がいるからだ。むろん、そこに細かい料金設定があるわけではなく、クライアントとの交渉によって決まるという。明確に料金（価格）を決めないのは、大きな仕事だけでなく、小さな仕事も選べるからで、依頼主に応じて柔軟に対応するための裁量の部分を確保しておきたいからだ。

また、一度本棚を作ればそれで終わりということではない。本屋や、本の販売がその店にとってそれなりの柱となるショップの場合、定期的にメンテナンスを行う必要がある。つまり、立ち上げのときの「イニシャル」とメンテナンスの「ランニング」の料金は別々で契約する。

ＢＡＣＨが本を選ぶことはしても、本屋などの場合は、基本的に取次への発注は依頼主が行う。ＢＡＣＨは店舗を持たないので、そういう場合の発注権はもっていない。したがって、選書に関して、これは是非薦めたい、置きたいという本があっても、依頼主の予算との関係で、すべてが当初のリスト通りにいくわけではない。そうしたさまざまな制約もある中で、ＢＡＣＨ的なディレクションのカラー、特色を打ち出していかなければならない。しかも売り上げを立てなければならないショップ関連の仕事は、緊張を強いられる。

「リストではどんなにいいと思った選書でも、やはり現場で本棚に並べてみるまで分からないという面があります。だから、設置の前には、緊張感でお腹が痛くなりますよ。最後まで分からないですから」

と藏所は、本棚作りの難しさを語った。

本棚の編集という仕事は、幅の名前が浸透するにつれて次第に知られるようになってきた。だが、幅が藏所とともにＢＡＣＨを立ち上げた頃は、前例も商習慣も、ルールも、契約上の基準もなかった。まさに、未踏の領域に踏み出した仕事だった。仕事を積み重ねる中で、少しずつ、ビジネスとしての形を整えてきた。

ＢＡＣＨ創設から八年近くが経ったが、本棚の編集とは、基本的に、手作業の積み重ねであることには変わりがない。どんなに壮大なテーマでも、大きなライブラリーでも、一冊一冊丁寧に選び、並べ、組み換え、多い時には万という冊数の本棚が出来る。それらは、幅を中心としたＢＡＣＨというチームで作っていく。

選書と編集は、各人の個性、感性が反映する仕事だが、同時に、チームとしての「スタンダード」のようなものがあるという。日ごろ交わされる本の話や新刊情報などの積み重ねから、ある程度、棚作りのキーとなるような本が分かってくる。それをもとに、関連性を広げていくことで、「ＢＡＣＨ的な」本棚が作られるとも藏所は言った。

当然、本に興味がないとできない仕事だが、好きだというだけではダメ。むしろ、本との距離をどうとれるかが大事だという。本の多様な可能性を生かして、他の本と関連づけていくブックディレクションにとって、一冊の本に対する思いこみではなく、少し引いた地点から「物」として本を見ていくことが重要なのだ。

しかし、それも、あくまで一冊でも多く、魅力のある本、読んでほしい本、知ってほしい本を、読者に届けるためだ。本との出会いを作るためという点では一貫している。

ただ、一概に本棚の編集と言っても、ライブラリーと、本の売れ行きが直接事業に反映していく本屋や、雑貨などとの組み合わせで事業展開を図るショップの場合では、選書の方法が少し変わってくる。

前者は、依頼主のテーマに即したディレクションのもとで、これは入れておきたいという本、ＢＡＣＨとして推薦したい本、出会ってほしい本を直接的に組み込んでいく裁量の部分もそれなりにある。

後者は、当初はそれができたとしても、売り上げや利益、客層、時間的経過の中で棚を修正し、変化させていかなければならない。メンテナンスの密度も重要になってくるが、限られた人員の中で、広がっていく仕事とどう折りあいをつけていくかという課題は常に残る。

幅自身は、「会社を大きくする気はまったくない」と言い切る。

「売り上げを伸ばすよりも、本って悪くないよね、という人が毎年一パーセントずつ増える状況を三十年間つくり続ける、そんな小さな会社が理想的です。社員をたくさんにして取引先も増やし、売り上げも倍増だ！　みたいなことを目指すと、多分、脇が甘くなる。細やかな心配りとか、慮りで成立している仕事だから、闇雲に大きくしようとした途端、自らの存在意義を見失ってしまう気がします」

第八章　企業を変える本の力

——ギャル系コンテンツ、遊戯機、デパート

ギャルの中に気さくに入る　［CROOZ］

「名の知られている方ですので、最初はおっかなびっくりだったんですが、とても気さくな方で、壁を感じさせませんでした。それがまず驚きでした」

幅についてそう語るのは、CROOZ株式会社（東京・港区）の人事総務部長（現在取締役）の対馬慶祐だ。

CROOZは、いわゆるギャルと言われる若い女性を対象に、モバイルコンテンツを展開する企業だ。ブログやソーシャルゲーム、SNS、あるいはネットショッピングなどを、モバイルである携帯を通して提供している。二〇〇一年に創立された社員数七十人の若い会社だ。

対馬によれば、会社創業当時は、利用者をギャルと特定する考えはなかったという。携帯で簡単にできるゲームというぐらいの気持ちだった。ところが、携帯のコアのユーザーだった彼女たちの間で口コミによって評判が広がり、〇八年頃から急速にギャルたちが顧客の大半をしめるようになった。

会員数は二百二十万人。うち八五パーセントが女性。十代が四一パーセント、二十代が最も多く、五五パーセントを占める。

CROOZは若い世代に人気はあったが、女性向けモバイルエンタテインメントの会社という特徴を、ブランドイメージとして表現できるものがなかった。それを本棚によって少しでも形にできないかと考えた。

幅に制作を依頼した本棚の場所は、同社のエントランスだった。

ブロガーと呼ばれるギャルたちが出入りできるスペースで、そこで、お茶を飲んだり、お菓子を食べたりしながら、商品開発やマーケティングのための打ち合わせを行うラウンジスペースでもあった。そこには以前から本棚があったが、『Popteen』などのほかに、『東洋経済』や『週刊ダイヤモンド』などの経済誌も置いてあるような、雑多な棚だった。

「それだと会社のブランドイメージがまったく伝わらないんです。それではよくないので、対象としているお客さまに分かるように変える必要がありました」

CROOZは、顧客である彼女たちに、もう少し興味や関心を持ってもらいたかった。また、彼女たちだけでなく、社員も手にとって読みたくなるような棚にできないかと考えた。

CROOZは、成長分野やベンチャー系の企業向けの株式市場である、新JASDAQの中で一定の実績を持つ会社を対象とした「スタンダード市場」に上場している企業だ。しかし、展開している事業が特定層向けなので、一般的にはあまり知られていなかった。

「打ち合わせの中では、そもそも何をやっている会社かという説明から行ったのですが、幅さんが偉いなと思ったのは、一回、ブロガーの女の子たちの企画会議に参加させてくれないかという申し出をされたことでした」

十代後半から二十歳そこそこの「ギャル系」と言われる女性たちに臆せず、興味を持ち、会議に出たいという幅に、対馬は驚いた。

会議に臨むに際し、幅は、「彼女たちが確実に読んでいる紙束と言えば、ファッション雑誌しか思いつかなかった」と言う。そこでふだんは絶対に手に取ることのない『Popteen』や『S Cawaii!』、『egg』、『BLENDA』から『小悪魔ageha』まで、そうとうに読み込んで行った。

会議にはギャル数人が集まった。幅とBACHのスタッフが前の方に座って、女性たちが取り囲み、いろいろな本を見せて、反応を見て行くというスタイルで行われた。幅は、彼女たちに写真集や漫画などを一冊ずつ見せ、内容や著者などについて説明した。

美に対する関心に応える

すると、話の一つひとつに彼女たちは反応してきた。幅は、軽い調子の言葉づかいをし、渋谷の街を闊歩しているイメージの「ギャル」と呼ばれる彼女たちが、意外に真面目だという印象を持った。

金髪、付けまつげ、アイライン。派手なファッションで歩く姿は一見、軽薄そうに見える。だが彼女たちの多くは、家庭や学校、人間関係などで、さまざまな悩みを抱えていた。それは、CROOZのブログアクセスランキングの上位にくるギャルたちの話の中に端的に表れている。その凄まじい彼女たちの体験を描いたのが、『なぜ彼女たちは「ギャル」になったのか』(藤田知也『朝日ジャーナル』二〇一一年三月号)というレポートだ。

そこには、中学時代に、周囲から「顔を見ると気分が悪い」とか「ブスは喋るな」と罵られ、学校で上履きを便器に突っ込まれたり、教科書を破られたりするなど、すさまじいイジメの記録がつづられていた。

実父が小鳥を握りつぶし、ゲームに負けた腹立ちまぎれに、テレビをベランダから投げ捨てる。あげくの果てに家を出ていき、後から来た新しい父親からネチネチと嫌味を言われ、小遣いを巻き上げられる。そんな悲惨な出来事を小学生の頃に体験していたりする。

彼女たちにとって、美容やファッション、メイクというのは、悲惨な過去から辛うじて這い上がり、立ち直っていくきっかけを作ってくれたり、救いとなったりするものだった。そうしたことがつづられたブログを、同じような体験をした同世代のギャルたちがこぞって読んでいるのだ。幅が、意外に真面目だという印象を持ったのは、そういう意味では意外ではないのかもしれなかった。

厳しい現実、生きにくい社会の中で、彼女たちにとって、美につながるもの、自分を綺麗に見せてくれるものは対極にあるものだった。

対馬はこう言う。

「彼女たちは、ファッションに強い興味を持っているのですが、ことに普遍的な最新の流行にも高い関心があります。女性の追いもとめている美意識。たとえばルイ・ヴィトンなど高級ブランドでしか表現できない普遍的な美しさに興味を示しますね。だからそういう写真集などに、とても敏感に反応していました」

幅によれば、ルイ・ヴィトンの話題になったとき、ヴィトンの過去の仕事をアーカイブした本『Louis Vuitton: Art, Fashion and Architecture』を見せたところ、ひとりの女の子が「この鞄、買おうかどうか、超迷ったのー!」とオイルペイントで描かれたような薔薇の花をあしらったバッグを指差した。

その絵を描いたのは、ニューヨークで活躍したファッションデザイナーで、アーティストでもあったスティーヴン・スプラウス。洗練されたアップタウンのスタイルと、パンクな雰囲気のダウンタウンのスタイルを融合させたデザインで、八〇年代のニューヨークを中心に人気を博した。ファッションだけでなく、音楽やアートの分野にも影響力を及ぼしたと言われている。ちょうど幅は偶然にもスプラウスの作品集『STEPHEN SPROUSE』も持っていて、それを彼女に見せた。

すると周りにいた女の子たちも興味を示し、ページをめくった。そこには、ルイ・ヴィトンと共作したグラフィティのシリーズや、〇九年のストリートファッションの空気と合致する、一九八〇年代に発表したネオンカラーに彩られたポンチョやタイツなどが紹介されていた。

さらに、ヴィトンと共作したアーティスト、村上隆の日本画風の作品を見せた。五〇年代からファッション写真の世界をリードしてきたリチャード・アヴェドンが『Woman in the Mirror』で撮り続けているエターナルな女性の美しさに感嘆の声を挙げた。六〇年代に絶頂期を迎えていたフランスの女優で、モデルでもあったブリジッド・バルドーの写真を見て、「綺麗！」と言った。

「カワイイ！」でなく「綺麗」と表現したことを、幅は面白いと思った。何かにつけて「カワイイ！」といつも一つの言葉でしか形容しないギャルたちが、別の言葉で、その美を言い表したからだ。

『unbridaled』というウェディングドレスの写真集を見たときには「キャーキャー」と喜んだ。桐島かれんの夫、上田義彦が、二人の結婚生活を撮った『at Home』に、「誰？　この美人のお母さん？」と質問を受けたりしたという。ちなみにこの美人のお母さんというのは、作家、桐島洋子のことである。

「結局のところ、本は繋いでくれるのだ。まったく趣味も活動範囲も年齢も異なる人間同士であっても、お互いのことを。何といっても、本は種類が多い。一日に何百タイトルも出版されている現在は、さすがにちょっと多すぎて問題だとは思うが、やはりこれだけ多種多様な、いい意味でのつまずきが、見知らぬ者同士を近づけてくれるということは、僕の仕事の実感だ」と幅は自著の『幅書店の88冊』（マガジンハウス）の中で述べている。

近い所から遠い所へ

幅は、自分とはまったく接点のない人たちにプレゼンテーションをする時、「基本的に、自分の好きな本だけしか持っていってもお節介にしかならない。かといって、そのコミュニティが気に入りそうな本だけでは閉じた円環になってしまう」と言っている。

だから、幅は「インタビュー」と呼ぶユーザーとの直接対話を重視している。分からないカルチャーでも、会えば、その人個人のことが分かる。個人と自分がつながれば、カルチャーの分かる／分からないなど、ただの趣味の違いくらいにしか思えなくなるというのだ。そういうマインドだと、自分の知らないことでも愉しいことがあるんだということを、感じられるのだと言う。

それは、本棚を編集するときにも言えることだ。並べ方について、幅が意識するのは「グラデーション」。つまり近づき方だ。

「たとえば、彼女たちに、いきなり『Earthsong 地球の歌』とか見せても、ああ、地球の写真だなとしか思わない。ギャルたちの興味から離れすぎちゃっていますから。そうではなく、スタートできるところから歩を進めつつ、いかに近づくか考えます。魔法めいたものはないんです。

アフリカの内戦について考えてほしいと思っても、いきなりでは難しい。そういう問題について直接考えさせる本はあるんですけど、『頭をどう盛って飾るか』ということに関心の多くを向けている女の子が、アフリカの内戦にはなかなか辿りつけませんよ。でも、ひょっとしたら、黒柳徹子さんの本からならいけるかもしれないんです。『頭の盛り方』では圧倒的な大先輩ですからね。黒柳さんといえば難民のこともやっているし、アイデア次第でどんなつなぎ方でもあると思います。黒柳さんの本を持っていったときに、『あー、この盛りはいいね』ということになれば、そこからアフリカの内戦や難民問題に興味をもつことへとつなげていけるかもしれません」

「僕は、彼女たちが両手を広げて届く範囲の中にあるものと、自分が伝えたいものをいかに結びつけられるかということをいつも考えています。たとえば、スティーブンソンの『宝島』を読んでもらいたいときに、マンガの『ワンピース』をつなげていくというと分かってもらえるかもしれませんね。それでもけっこうコテンパンのときもあるわけで、僕の言っているいることが分からないなんてこと一杯あるんです。それでも、他にも知ってほしい本の良さを伝えたいわけです」

三本の軸

こうした事前のリサーチなどを通して、幅は、CROOZの本棚のテーマを、「FASHION」「BEAUTY&HEALTH」「LIFE STYLE」の三つを軸に棚を作ることにした。

並べる本は百五十冊。棚は縦三段、横十メートルぐらいの長さ。浜崎あゆみを特集した雑誌とアメリカのデザイナー、スティーヴン・スプラウスを並列に並べた。イヴ・サンローランのポートレート集、ティファニー、プラダ、オスカーの表彰式でレッド・カーペットに集う人たちのファッションを集めた写真集もあった。

これらは「FASHION」の括りで、「BEAUTY&HEALTH」のテーマのところには『世界香水ガイド』や、岡崎京子のマンガ『ヘルタースケルター』、写真集『GOLF COURSES』などを並べた。

「LIFE STYLE」では、ピーター・ラビットの飛びだす絵本や、蜷川実花のフォト

「CROOZ」のエントランスに設けられた本棚。

「BEAUTY&HEALTH」など三つのカテゴリー別に本や雑誌が集められた。

ブック、篠山紀信の写真集などが選書されていた。

棚が完成したとき、スタッフからは歓声が起きたという。CROOZに来る女の子たちにも、幅の本棚は評判がよく、とくにファッションの棚は人気がある。

「ファッションというのは、彼女たちが女性として根っこの部分で大切にしているものなんですね。その気持ちに対して、一流の世界を見せてあげるよ、という感じの棚になっている。バランスがいいんだと思います。仕事で訪ねて来られたお客さまが、『格好のいい棚ですね』とおっしゃっていました」

対馬はそう語った。

巨大なオブジェ 「フィールズ」

本棚の編集者として、さまざまな企業や団体の本棚を手掛けてきた幅の下には、いまも新たな業種からの依頼が絶えない。その広がり方を見ていると、本がもつ潜在的な可能性を改めて感じさせられる。どんな所にも本は〝打って出て〟いけるのではないか。そんな気がしてくるのだ。

東京・渋谷。道玄坂の途中、右手に交番がある。その横の階段を上りきると、奥にオフィスビルがある。

「フィールズ」のエントランス。巨大なテーブルや椅子のなか、本棚が並ぶ。

建物に近づくと、人の背丈よりはるかに高い巨大なテーブルや椅子がガラス越しに見えてくる。初めて訪れた人は、いったい何だろうと度肝を抜かれるかもしれない。

そこは、パチンコやパチスロなど遊技機の企画、卸《おろし》、販売を中心に、キャラクター、コンテンツの企画、モバイルでのオンライン事業、それにフィットネスクラブなどスポーツ関連事業も手掛けている「フィールズ」の本社エントランスだ。

中に入ると、巨大なテーブルや椅子などは、一種のオブジェとして置かれていた。デザインは全体に装飾的で、打ち合わせスペースに、パラソルのように置かれた大きなランプシェードも目を引いた。

巨大なテーブルの上には大きな籠が載

せてあり、その中に、人の頭の数倍もあるような大きなリンゴや洋梨などオモチャの果物が入っている。おとぎ話の小人の国に迷い込んだような感覚になる。その巨大なテーブルの下に会社の受付があった。

しかし、そのフロアのメインは、そうしたビッグサイズのオブジェではない。中心となるのはキャビネットタイプの本棚である。高さ三メートル以上ある木製のクラシックな本棚が、一見アトランダムな感じでフロア中に配置されている。正面を向いて並べられた何冊もの大判の写真集がひときわ目立つ。フロア全体の何もかもがスケールが大きく、華やかで、遊び心に溢れた空間になっていた。

本棚は全部で二十二本。それぞれにテーマがある。「コミュニケーション」「遊びの哲学」「新しい仕事」「日本」「ヒーローズ」「マンガ・アニメーション」「アートの系譜」「食」「生活の不思議」「旅へ」「物語の力」といったぐあいだ。本は全部で二千五百冊。写真集や図鑑などが多いので、ビジュアルとしても楽しめる。

それらを一つひとつ見て歩くだけで飽きない。一種の本のアミューズメントパークのようにも思えてくる。

会社の未来を視覚化

フィールズはなぜ、会社のエントランスをこのような空間にしたのだろうか。

同社総務部課長、星屋善之は、「会社がこれから何を目指していくのかを視覚的に示したかった」と言う。

フィールズは売上高約九百二十二億円（二〇一二年三月期）。そのうち、遊技機のシェアが九割を占めている。『新鬼武者』『新世紀エヴァンゲリオン～魂の軌跡～』といったパチスロの機械などのコンテンツの企画から台の販売までを行うのが主力事業で、サミーやＳＡＮＫＹＯなどの大手のメーカーと提携し、ゲーム性や娯楽性の高い台を開発してきた。

ただ、将来は、そうした遊技関連の企業としてではなく、パチンコ業界の会社のイメージから脱却し、もっと幅の広いエンターテインメント系の企業に成長したいという目論見を持っている。具体的には、コミックやアニメ、映画などクリエイティブ全般と関わった事業だ。

同社のコーポレートコミュニケーション室ＩＲ課長、高野拓也は、「個人の時間の使い方が多様化し、人々の趣味も広がった。ＩＴの進化もあり、エンターテインメントのコンテンツがどんどん消費されるようになって、コンテンツそのものが少なくなってきています」と話す。

そうしたコンテンツを基にしたゲーム的要素の強いものが人気を博す中で、いまの状況は好ましくはない。

本業を支え、成長させる意味でも今後は、コンテンツの開発や獲得がより重要で、マンガ、アニメ、映画といったクリエイティブ性の高い分野と大衆的な娯楽産業が結びつき、双方が関係しあっていく必要があるとフィールズでは見ている。そうしたエンターテインメント全般の状況の変化に対応するため、フィールズは知的財産（ＩＰ）を取得している。

その一つが『ウルトラマン』シリーズのライセンスの獲得だ。シリーズを制作した円谷プロダクションをフィールズのグループ企業とし、ＣＧ制作の大手企業、デジタル・フロンティアも傘下に入れた。また小学館クリエイティブと提携し、共同出資で「ヒーローズ」という出版社を設立、月刊コミック誌を創刊してもいる。

そこから生まれたマンガをアニメ化したり、映画化したりする計画だ。こうしたクリエイティブ系の企業との連動は、枯渇気味のコンテンツを新たに保有、制作するためで、これまでの成功モデルに安住するのではなく、未来志向の企業だということをイメージさせたいという考えから作られたのが、奇抜とも言えるエントランスだった。

映像よりも書籍

エントランスの空間デザインは森田恭通《やすみち》に依頼した。森田は、国内だけでなく、ニューヨークやロンドン、上海など海外でも活躍するデザイナーだ。インテリアだけでなく、グラフィックやプロダクトデザインも手掛け、アートディレクターとしても知られている。

そこに本を組み合わせた。

「本というのは、知の泉のイメージがあります。クリエイティブなものを作っていく根っこには知識がいる。それには本が必要だったんです」

星屋はそう語る。

「ただ、最初、幅さんからリストをもらったとき、どんなものが出来るか分かりませんでした。しかし実際本が置かれてみると、本の並べ方だけでなく、カバーのデザイン、色彩も綺麗で、見事な本棚になりました」

広さは百三十坪。本を並べるのに一か月半の時間を要したという。輸入本も多く、中には一冊で重さ十キロを超えるものまである。いままで、さまざまな所で幅の編集した本棚を見てきたが、ここにある本はおそらく、最大級の本が使われているようだ。

写真集一つとっても、通常の大きさのものでは空間に負けてしまう。巨大なテーブルや椅子といった「家具」をオブジェとして用い、訪問客に、「驚き」と強いインパクトを与えるデザインになっているので、それに見合った本も必要になってくるのだ。そういう広い空間に負けないような大きな本があるところがまた面白い。

「出来上がったのをみると家具の大きさが異様に大きい。なんだろうこれはと思いました。だから私たちも正直、会社の受付がこれですか！　という気持ちはありましたね。でも、それを上回る圧倒的迫力があるんです」

そう語るのは、総務部長の宇野浩司。宇野は、こうした個性的な空間を見て、同じ想いを共有できるような新卒の学生が入社試験を受けてくれることにも期待していると話す。

エントランスの利用が始まったのは、二〇一二年四月一日。打ち合わせスペースもある上、社員も夕方六時から七時まで自由に使える。本棚の本も社員に貸し出している。

「当初、エントランスに家具や本棚ではなく、ディスプレイを設置して映像を流すという案もありました。でも出来上がったものを見て、いまの方が圧倒的に存在感があることが分かりました。画面が移り変わっていく映像を見るより、書籍の文字や絵を見てつかむ情報量の方が大きい。書籍には力があると思います。これは簡単にデジタルに置き換えられないのではないかと皆で話しました」（星屋）

美と健康のフロア

［伊勢丹新宿店　ビューティアポセカリー］

二〇一二年九月。伊勢丹新宿店本館地下二階に、「ビューティアポセカリー」というフロアがオープンした。女性の大きな関心事である美と健康をテーマにした商品と情報を提供する売り場だ。

一階の化粧品を中心とした華やかなフロアから、エスカレーターで降りると、まったく雰囲気の違う落ち着いた空間が広がっていた。

「伊勢丹新宿店 ビューティアポセカリー」のブックスコーナー。

フローリングの床。壁や棚は木目調で統一され、照明も、ダイレクトな光を遮断するような遮蔽板が所々に設けてあり、陰影が生まれるような設計だ。

「いままでにはなかったような売り場として設けました」

同社婦人雑貨営業部商品担当部長の小宮仁奈子はそう説明する。

アポセカリーという言葉はあまり馴染みがないが、直訳すれば薬店という意味の古語だ。病気というほどではないが、身体のさまざまな不調や不快感、精神的なストレスなど、「未病」の段階で気軽に相談できるような役割を果たすという意味でネーミングしたという。伊勢丹では、それまで女性の美と健康に役立つナチュラルオーガニックの化粧品や、ハーブやサプリメントなどを提供してきた。それをより発展させるためのフロアとして、新たにチャレンジしたのがこの売り場である。

「いまのケアも大事だけど、五年後も十年後もきれいでいたい、健康で元気でファッションも生活も楽しみたいという人にとって何が必要だろうかと考えてみたのです。そうした時、効果はすぐに出てこなくても、これからは予防が大事なのではないかと思いました」

そう話すのは、婦人雑貨営業部のバイヤー、吉野あやだ。

実際売り場では、女性の栄養士やアロマテラピストなどの専門的なスタッフが常時いて、お客の相談を受けたり、カウンセリングを行っている。彼女たちの制服も、やわらかな印象を与える素材の薄いブルー系で、親しみやすい雰囲気を与えていた。一方で、ボディケア、メイクアップ、漢方、サプリメント、アロマ、食材といった商品が統一感をもってズラリと並べられ、すっきりとしていながら、壮観でもあった。

その売り場を見渡すような位置に、長さ十数メートルの本棚が設《しつら》えてあった。独特の存在感だ。化粧品や健康関連の店に、ここまで大きな本棚が揃っているところはなかなかないだろう。このフロアの意気込みがダイレクトに伝わってくる印象があった。

それにしても美と健康のフロアになぜ本と本棚なのだろうか。吉野はこう言う。

「健康や、環境についての関心が高くなる一方で、いろいろな情報も溢れています。そんな中で、私たちのフィルターを通して、より良い情報や知識を提供するために、美と健康を考えられる本棚を置いてみようということになったのです」

ただ、その時に実用書だけではない、幅の広い、総合的な本の提案ができないかと思ったという。

「というのは、女性というのは気持ちによって大きく左右されるところがあって、アンチエージングや、メイクの仕方とか前向きなご相談がある一方で、さまざまな悩みなど心の問題を話される方も多いんです。夜眠れないとか、アロマの香りが気持ちを持ちあげてくれたりするというような話も販売員さんからたくさん上がってくるんです。美と健康は実用的な知識も大事ですが、心の問題でも女性を応援できるコーナーにできたらいいなと考えました」

小宮もこう話す。

「ファッションに興味を持って年間を通して伊勢丹で買い物をされる方たちは、心や体にもとても関心があるんですね。そういうお客さまに対して商品の効果効能だけではなく、いま思っていることをどう引き出していけるかと考えたとき、書籍は、いろいろな気付きや、自分を知りたい、分かってほしいというもやもやした問題を解決するきっかけになるのではないかと思ったのです」

伊勢丹では、このフロアの顧客として、三、四十代の女性を中心に設定しているというが、本を置くことによる「顧客の広がり」も期待している。実際、二人とも本棚の前に行くだけで、とても楽しい気持ちになるし、手に取りたい本がたくさんあると言った。

長い滞在時間

本は全部で九百冊。健康に直接関わるような『「糖尿病食」完全レシピ』や『「女性検診」がよくわかる本』、『40歳からの女性ホルモンの高め方』といった本もあれば、ヘルマン・ヘッセの『わがままこそ最高の美徳』という本が並べてあったりする。ハイネの詩集、スヌーピーの絵本、宇宙についての本、あるいは向田邦子のエッセイや小説もある。手塚治虫のコミック『火の鳥』も別冊を含めて十二冊揃えてあった。美というものをたんに表面的なものを飾ることではなく、内面から捉えなおしていこうという選書の意図がはっきりと見てとれる棚だった。

「やはり向田邦子さんの本はよく売れます。だけど最初、『火の鳥』を見たとき、正直売れるのだろうかと思いました」（吉野）

しかし、心配とは裏腹に初日からいきなり売れた。『美容成分事典』という一冊二千円の本も初日に三冊が完売した。お客の反応は上々で、毎週二百冊は売れるという。また、本があることで時間の使い方が違ってきて、フロアの滞在時間が長くなる。フロアに買い物に来た人が、どういう買い物の仕方をしたかという「買い回し」行動を分析したところ、本を買った人の六割がボディケアやスキンケアの商品を一緒に買っているという結果が出た。ゆっくり立ち読みしたり、椅子に座って読んでいる人もいる。リピーターも多く、中には男性客も立ち寄るらしい。

「女性の気持ちや感覚は、日によっていろいろ変わるんです。たとえば今日はとてもいいなと感じたアロマの香りも、明日になるとそうでもなかったりする。本もそれと同じで、今日ひっかかるタイトルと明日気になるタイトルが違ってくる。だから、ここには、自分にとって気になるタイトルを探しに来ているという印象を受けます。それと、幅さんの棚は、学生時代に読んだ本が、こんなところに分類されているのかというような驚きや発見もありますね」（小宮）

吉野は、こう言う。

「他の本屋だと、どこを探していいか分からなかったり、見つけにくかったりするのに、ここではポンと置いてあったりします。本の差し出し方が面白いですね」

棚を作った幅は、こうした女性の美容や健康についての本はほとんど読んだことがなかったという。

「だから、今回の棚を作るに当たっていろいろ読みました」

打ち合わせの段階では、店側が幅にカタログを渡し、女性スタッフが回し読みした本や、自分たちが読んで良かったと思った本などの情報も伝えていた。

スタイリストとのミーティングにも出席した。販売員約五十人のうち十五人くらいと数回に分けて話をした。そういう席で、幅が、宇宙空間に広がる世界からミクロの世界までを写し取った写真集を見せたことがあった。

「これどう思います?」と幅が質問すると、女性スタッフから「とてもいいと思いますが、買って帰るのには大きすぎる」という意見が出た。本として面白くてもカサばるのは困る。女性たちにとってはもっとコンパクトな本が好まれるということだった。そうしたことも考慮して棚作りが行われた。

個人に向けて作る本棚

棚作りでヒントになったのは、女性スタッフから聞いた話だった。それは、家でもできるストレッチがいまとても人気があるというもので、仕事柄、どうしても腰に疲労がたまりやすい自分のことも話すうちに、伊勢丹側が置いてほしい本や、自分が並べたい本のイメージが少しずつ出来上がっていったという。これも客の擬人化の一つの方法と言っていいのだろうが、幅は今回、伊勢丹新宿店に来るすべてのお客にあまねく読まれることは想定せず、個人に対してどう本を選ぶかという気持ちで取り組んだという。

こうした、あくまで個人目線に立った幅の棚は、とても新鮮だったと小宮は驚きを隠さない。

「私たちは、これまでデジタル的に商品を並べる方法を学んできました。たとえば、お客様の一番目につくところに、いい商品をどう並べるかというようなことです。だけど、幅さんの棚の作り方は、まったくイレギュラーなものですし、業界の常識が覆《くつがえ》されてしまいました。〝一丁目一番地〟に一番良い物が置いてあるわけではない。それはいままでの私たちの物を売る方法とまったく違っていました。タイトルだけで語り、どこに気持ちが引っ掛かるのか、千差万別で面白いと思いました」

商品陳列の仕方に〝伊勢丹の方程式〟があるとすれば、幅の棚は、それとはまったく違った商品＝本の陳列方法だったという。

こうしたビューティアポセカリーの試みについて、同業他社からの反応もあった。小宮によれば、本を並べたいと思っている企業はほかにもある。しかし、売り場面積と売り上げの関係で、なかなか踏み切れない。そんな中で、伊勢丹がこうしたチャレンジをしたことに高い関心を持っているのだという。

「あのフロアには、目指す方向が見えます、とお客さんからも同業の人たちからも言われました。そういう意味では、あの本棚は単なる象徴ではなくて、お客様が良さに気づいて、ちゃんと買ってもらえるような売り場にしないといけないと思っています」

幅のブックディレクションが、現代的な意味を持っていると感じるのは、企業の関心の強さに触れた時だ。

ある大手自動車メーカーの開発部門が、数年前、幅にライブラリー作りを委託してきたことがある。彼らは、クルマのメーカーだからといって、メカニックな本ばかりではなく、自然全般や科学に関する広範な領域の本を並べてほしいという注文を出した。

なぜ、そのような本棚を求めるのかと問うと、担当者はこう言った。

「これからは一方向へ向けた成長はないだろうと思います。いままでの方向には行かない。違う方向へ進化するということにならないと、将来の発展は難しい。しかし、本を読むことでインスパイアされたり、考え方の方向を修正することもある。やる気を起こさせてもくれます。そういう意味では本は二段ロケットみたいなものなのです」

いままでの考え方や方法では、未来が切り開けない。閉塞した状況を打開していくための発想の転換と、新しい視野の獲得には、本が非常に有力だとその大手自動車メーカーの担当者は感じていたのだ。また、物としての本、質量を持った本の力と価値を高く評価していた。本の中身である文字が持っている力がその核にあることは言うまでもない。だが、本の力はそれだけではない。その担当者は、表紙やタイトル、写真が組み合わさって出来た「本」の、メディアとしての総合力を評価していたのである。

経済的に豊かになり、物や情報が溢れ返る中、企業が独自の存在感を示すのは困難な時代になった。どの企業の製品も一定の水準をクリアし、どれを買っても似たようなものだ。では、どうすればそれぞれの企業が、自分たちが生みだす「価値」を社会に浸透させることができるのかという課題に直面している。

それはいわば、外に向かっての視線だが、同時に企業は、自らの存在意義そのものを、捉え直す必要に迫られているようにも見える。「内」側への視線である。会社創設の理念、経営の指針、組織の活力、さまざまな課題を、どう未来に向けて再認識し、社員一人ひとりに意識づけさせていくのかということだ。

そのための、一つの視覚化された知的な資産として、本の力を改めて見直し、活用しようとしているのである。

第九章　本と人が交わるところ

――電子書籍と紙の将来

電子書籍からのアプローチ

「これ、ブックリーダーなんですが、ここにいつも百冊ぐらい入れています。特に重松清さんの本が好きで、何かといえば、重松さんの本を読みたくなるんですが、リーダーをポケットに入れておけば、すぐに取り出せます。私にとってはお守りのような感じですかね」

そう言って笑うのは、電子書籍の事業会社「ブックリスタ」のシニアマネジャー、加藤樹忠だ。

加藤が持っているブックリーダーは、ソニーが開発した電子書籍である。価格は九千円台。ブックリーダーのコンテンツ（本）は、ソニーの電子書籍のオンラインストアである「リーダーストア」が提供している。

加藤は、リーダーストアの店長を二〇一二年夏ごろまで務めていた。リーダーストアは二〇一〇年十二月に設立されたが、この年は、「電子書籍元年」と言われた年でもある。

このリーダーストアがスタートした時から、幅が本の選書や運営に関わってきたのは、あまり知られていない。

「私たちは〝本屋〟になりたいと思っていたのですが、本を扱った経験がありません。そこで本を〝棚〟に並べるノウハウや、本を選ぶ方法などが分かっている幅さんと一緒に仕事をしたいと思い、お願いしたのです」

「物」としての本を扱ってきた幅が、ネット上の本屋、リアルな物体性も身体性もない「本屋」にどう関わっているのか、また幅はそのことをどう考えているのだろうか。気になるところだが、その前に、ソニーの電子書籍のシステムを少し説明しておきたい。

まず、コンテンツという電子化された「本」や「雑誌」を提供する会社がある。これが、加藤が以前店長をしていたソニーの〝本屋〟であるオンラインブックストア、リーダーストアだ。

書籍、コミック、ライトノベル、雑誌のコンテンツを所有していて、それらのコンテンツは、リーダーストアのサイトに紹介されている。それによると、日本語コンテンツ総冊数は、六万七千九百冊（二〇一二年十月十九日時点）。二千冊の無料コンテンツもある。

それらを購入する場合は、本を読むための電子機器（端末）が必要だが、リーダーストアに対応するのは、「ソニーリーダー」を始め「スマートフォン（アンドロイド）」、「タブレット（アンドロイド）」、「プレイステーション　ヴィータ」だ。

読者は、これらの機器を買った上でソニーのIDを取得して、ダウンロードし、お金を払ってコンテンツを購入するシステムになっている。

いま加藤は、ソニーの販売会社であるソニーマーケティングのほか、「ブックリスタ」に在籍し、電子書籍の流通を柱とする事業を展開している。

電子書籍には、既存の本を持つ各出版社がコンテンツを提供するが、ブックリスタは、各出版社のコンテンツを「集めて」販売するための一種の〝取次〟役であるプラットホームを担っている。また、電子書籍専用端末からスマートフォンまで、各種の機器に最適な表現でコンテンツを提供するためのサポートや、コンテンツや書籍情報を提供したりもしている。

電子書籍に関する事業を見ているだけでも分かるのは、電子書籍というのは、「出版社」「取次」「端末」という、既存の紙の本の流通システムを包括する「電子化されたシステム」全体のことだということである。

電子書籍がメディアで報道されるとき、「紙の本をめくるように端末上でページがめくれます」というようなシーンがしばしば映される。また、キンドルだとか、アイパッドだとか端末の機器が強調され、「書籍」という言葉を使っているため、つい本をイメージしてしまいがちだが、あれは電子書籍を矮小化した表現だと言わざるを得ない。「電子書籍」というのは、端末の中に、本の出版から読者の読むという行為までの「本」の全体構造が入っているようなものだ。

そう考えると、電子書籍は、「紙の本」とは違う次元の「本との接し方」を示すものとして登場してきたというように捉えるべきなのだろう。

BACHのノウハウを電子書籍に

ソニーの電子書籍に、幅はどのように関わっているのだろうか。加藤によると、時間の経過とともに変わってきたという。

「まず初めは、自分たちがどういう本屋になるかという宣言期間だと思っていましたので、リーダーストアとしてどういう本屋になりたいかとか、お客さんに居心地よくしてもらうためにはという点をつきつめて、じっくり幅さんと議論しました。そこで出てきたのは、本を好きな人が、違和感がない本の置き方をしたいということと、本好きが集まってこられるような本屋にするということでした。その上で、どういうものをピックアップしてくればいいか考えました」

立ち上げ当初、幅が取り組んだのは、ブックリーダーのプロモーション用の特設サイトに作った「好奇心の本棚」だった。

本と物を関連させていくもので、たとえばカメラや地球儀があるとすると、そこから連想されるお薦めの本を見せていくという仕組みである。本を買う前に、ディスプレイ上で見ることができる。リアルな書店のように、大きな本棚一面にずらりと見せたり、本の大小、厚さの違いを巧みに利用した編集はできないが、偶然見たページで興味を持てるようにセレクトした。

「好奇心マップ」というのを作ったこともある。本のつながりをマップにしていくもので、一例を挙げれば、哲学者「ニーチェ」の言葉をピックアップしてきて、そこから連想される、いろいろな本につなげていくもので、それをマップとして表現した。いわば言葉で検証、セグメントする選書である。いかにもＢＡＣＨらしい仕事だ。

リーダーストアに並べる本の選書では、ソニーとＢＡＣＨで毎週一回定期的にミーティングを行っている。二、三週間後に配信される本や、サイトのバナーに何を置くかとか、新刊として何をピックアップするかを決めるのだ。

サイトの上段にはバーがあり、「特集」枠がある。「セレンディピティ〜偶発的な出会い」という特集が組まれていて、月に二人ずつ、社会の各分野で活躍しているゲストを招いて話を聞き、インタビュー記事を掲載している。そのテーマを何にするか。誰に出てもらうかなどの企画にも参画する。

過去のアーカイブを見ると、すでに百五十人近い人が登場していた。最近では、若手社会学者の古市憲寿がいる。お笑いタレント、爆笑問題などが所属する太田プロ社長の太田光代、経済アナリストで獨協大学教授の森永卓郎、元プロレスラー、髙田道場代表の髙田延彦、歌手のＪＵＪＵ、カレー研究家の水野仁輔など多彩なゲストを招いて話を聞いている。またそのページに、ゲストのお薦めの本や、好きな本などを写真入りで紹介するなど、非常に充実したページ構成となっている。

コーナーによって、本の紹介、解説などのライティングを幅やＢＡＣＨの山口が担当する。パソコンやタブレット、スマホなど端末の種類も増えたため、それぞれに合わせて書き分ける必要もあり、ＢＡＣＨが関わる機会も増加しているという。

加藤によると、時間が経つとともにさまざまな変化が出てきたという。コミックを買う人や雑誌を読むお客さんが増え、端末としてスマートフォンでも対応できるようになったのは特徴的だ。

「もともと私たちは、本好きの人や、日ごろから本をよく読む人を想定していたのですが、端末ごとにそのテイストを変えてみたりしました。ソニーリーダーを利用して読む人には文字が多い本をおすすめしたり、タブレットはカラーで読めるので、それ用にはカラーコンテンツを増やしました」

ＰＣ、タブレット、リーダーなど機器によって読めるコンテンツは基本的には同じだが、特集などは違うものもあり、利用する端末によって見せ方を変えていく作業も必要で、そこを週一回のミーティングでしっかりと行っているという。

読書会も開く

意外だったのは、リーダーストアの読者を対象に読書会を行っていることだ。著名な作家をゲストとして招き、読者と著者の本について語りあうイベントだ。幅はファシリテータ（進行役）で、読者は会場にソニーリーダーやタブレットを持ってきて、それを見ながら質問したり、意見を言うスタイルだ。

これまでに角田光代や大沢在昌、石田衣良などをはじめとして、著名な作家に出てもらい、紀伊國屋書店や三省堂書店などで読書会を催してきた。

「電子書籍のイベントを紙の本屋でやるのかとか言われそうですが、私たちとしては、本を読むことの楽しさ、素晴らしさにもう一度向き合ってもらいたいと思っているんです。ソニーとしても、音楽、ゲーム、ビデオとエンターテインメントをやっていますが、本もその一つとして、皆の生活が豊かになればいいと考えています」

と加藤は語る。

著者を招いての読書会、いわゆるリーディングクラブは、アメリカではよく行われていることで、幅は以前から関心を持っていたという。こうしたイベントも電子書籍を介しての関係を生かした手法と言ってもいいかもしれない。

雑誌などでは、より実用的なことに使える。

ある雑誌でカレーの特集をしているページがある。これを購入すると、スマートフォンに最適化した形でマップが起動し、店の電話番号を押すと予約の電話がかけられるようになっているのだ。

「幅さんと電子書籍の何がいいのか話しあったとき、好きな時に、好きな本を手に取れる自由があるという結論になりました。ソニーリーダーも一千冊以上入ります。それをいつでも持ち歩ける。併読もできるわけです。ソニーリーダーを買っていただいたとき、プリインストールコンテンツとして、お薦めの本を五十冊紹介するというのも作っています」

ソニーのリーダーストアでの幅の仕事を見ていくと、紙と電子の違いこそあれ、いかにいい本や、面白い本と読者が出会えるようにするかということにおいては、紙の本を並べる時と本質的には変わらない。幅もまた、そうしたステージは違っても、本を選び、本との出会いを作ることを楽しみながら仕事をしているようだ。

「僕自身、小さい頃から本は傍らにいつもあったし、読書は大好きですが、本はあくまでツールだと思っています。たくさん読むことや、名著と言われる本を読んでいることが重要だとは思わない。それよりも、本が読んだ人の日常にいかに親密で、日々の生活にどう作用するかの方がずっと大事。それができるのであれば、紙から読もうが、電子リーダーで読もうが、パソコンの画面で読もうが構わないと思っています」（前出『新潮45』）。

電子書籍への関心

ところで、電子書籍はいまどれぐらいの市場があり、関心を持たれているのか。

加藤は、「端末も増え、ゲーム機でも読めるものを出したりしているので、売り上げはきちんと伸びている。市場としては出来上がってきている」と話す。

「もともと電子書籍の市場は、国内でもある程度ありました。ただ、売れるコンテンツがライトノベルなどに偏るなど、町の本屋さんとちがったものが売れていました。しかし、それがいまはリーダーストアのランキングを見ても、文庫などは町の本屋さんと変わりないものが売れるようになってきています。新しい市場ができているし、出版社からのコンテンツの提供も増えています。そういう意味では、この二年間で版元側にも変化があり、電子書籍の市場は伸びてきました」

すでに電子書籍には、ソニー以外にも多くの企業が乗り出していて、最近ではオンライン通信販売の楽天が「コボ」を発売。アップルの「アイ・ブックス」、ドコモの「Dマーケット」、シャープの「ガラパゴス」、KDDI「リスモブックストア」などがある。

二〇一二年十一月からは、アメリカのネット小売大手、アマゾン・コムが、日本国内で電子書籍端末「キンドル」シリーズを売り出した。発表されたのは十月。同時期に、アップルの新型タブレット型多機能端末「iPadミニ」の参入も明らかにされるなど、電子書籍市場の端末は着実に増えてきている。

一方で、関心はまだまだという調査もある。朝日新聞が一二年八月から九月にかけ、電子書籍に関して全国世論調査を行った。

それによると、「電子書籍を読んでいるか」という質問に対しては、「読んでいる」は五パーセント、「読んでいない」は九三パーセントという結果が出た。

世代別に見ると、数字には開きがあり、二十代で「読んでいる」は一三パーセント。三十代では一〇パーセントで、若い世代ほど高く、四十代以上は低かったという。

ただ、将来電子書籍を「使ってみたい」という割合は、回答者の三〇パーセント。「使ってみたくない」は五六パーセントだった。世代別にみると、二十代～四十代は四割近くに達していた(二十代は三八パーセント、三十代は三六パーセント、四十代では三八パーセント)。

若い世代より、年齢が高い世代の方が比率は高い。これから「使ってみたい」という回答が三〇パーセントというのは、現在「読んでいる」五パーセントとの差と比べたとき、将来、電子書籍で本を読む人が増えていくだろうということを予想させるものだ。まだまだ、電子書籍で読むことのできる「コンテンツ」が不足しているため、市場としてブレークするには至ってはいないものの、いずれソフトの充実が図られれば、新しい読者を獲得していくのだろう。

「ブックリスタとして考えたとき、まだみんなで健全な市場をつくっていく時期だと思います。もともとパソコンとガラ携で売れていた本を除いた場合、本の流通量の二パーセントとか三パーセントぐらいではないでしょうか。しかし、いまは伸びているので、いずれ出版全体の売り上げの一部を担える状態になるようにもっていきたいと思っています」（加藤）

電子書籍は紙の本を増やす

電子書籍市場の未来がどうなっていくのかを推し量ることが本書の目的ではないので、ここで多くを語るつもりはない。ただ、産業史に謙虚に学ぶとするならば、新たに登場した機器は、それまでの市場の一角に食い込み、時にそれまでの産業を駆逐することもある。紙の本の歴史が長い日本で、そうやすやすと本が消えてなくなるとは思えないが、それなりの量の本や情報が電子書籍化され、ネットを自由に使いこなし、パソコンやスマートフォン、タブレットなどに抵抗のない世代が人口として多くを占める時代になっていけば、電子書籍の普及はさらに進んでいくのだろう。それにつれて、紙の本の市場規模は今より減少することも考えられる。

しかし、加藤は、「アメリカでは電子書籍が出てきたことで、紙の本の売り上げも増えた」と話す。

「電子書籍が出てくると、紙の本はなくなってしまうのではないかというような話がありま

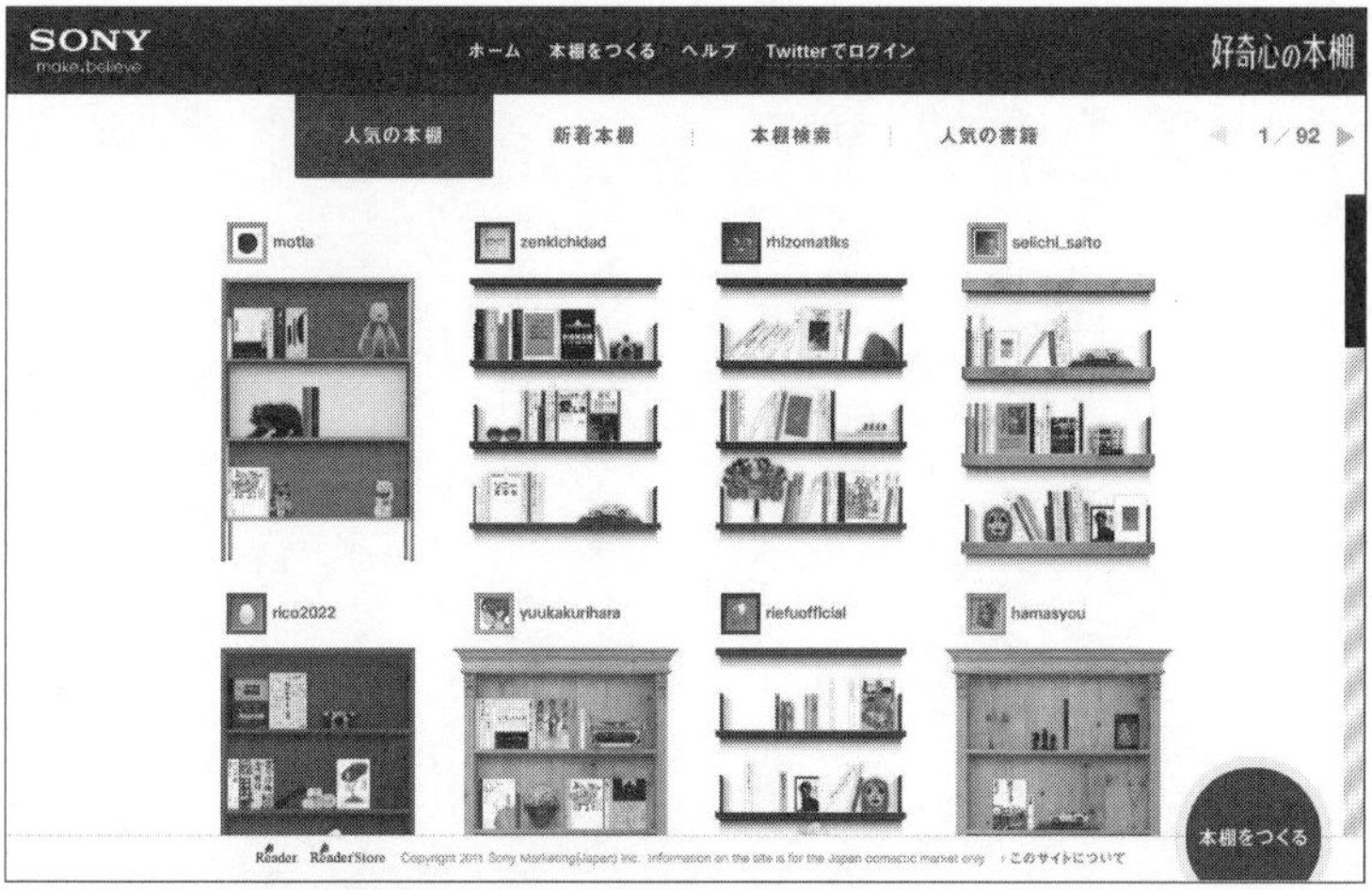

「リーダーストア」のサイト画面。http://ebookstore.sony.jp/

「ブックリスタ」の応接室は本好きにはたまらない空間。

すが、逆に（電子書籍によって）本を知る機会が増え、紙の本について知りたいというような状態を作りたいと思っています」

加藤は、「本は電子書籍で読んだ方がいいときもあれば、紙で読んだ方がいいときもある。紙は否定していない」と言う。実際、リーダーストアの「セレンディピティー」の中に「紙で読みたい一冊」という記事も入れている。

ブックリスタは、本好きのメンバーが集まっているという。東京・赤坂のオフィスのエントランスには本棚があり、本についての歴史や、本に関係した書籍が並べてあった。奥のミーティングルームのあるスペースは、床から天井まである本棚に、雑誌やマンガのバックナンバーがズラリと並べられ、圧巻だ。昭和三十年代の少年マンガ週刊誌まで揃えてあった。幅とブックコーディネーター、内沼晋太郎のディレクションによる棚だという。

「本好きが集まっているので、本に囲まれていたいんですね。お客さまに来ていただき、あのオフィスって落ち着くね、と感じてもらいたいんですよ」

加藤は、嬉しそうにそう話す。

電子書籍と紙の本は敵対しない。相互に関係しあって、本との出会いを増やし、出版の世界を豊かにしたいという気持ちがあるという加藤の話は、ブックリスタのオフィスに表現されているようにも見える。

電子書籍だけでなく、結果として読書時間が増えればいいという考えは幅にもある。本を一人でも多くの人に手に取ってもらい、本と人との「幸福な事故」となるような出会いを仕掛けたいと考えている幅にとっても、電子書籍市場の登場は、一つの大きなチャンスであることには違いない。

「いろいろなテキストに手を伸ばしてもらう機会が増えるのはいいと思います。僕がやりたいのは、世の中に本を手に取る機会を点在させていく仕事なので」

本の身体感覚

幅は、電子書籍の利点をそう評価しながら、同時に、電子書籍と紙の本の違いを敏感に感じとってもいる。

その最も大きな差異は、身体感覚だという。

「僕は、正直言ってiPadなどの液晶で本は読めないんです。目がチカチカしちゃって。だから長い作品は紙で読みます。長いものを電子書籍で読んでいると『いつ終わるのか』の身体的感覚がないんです。『早く読み終わりたい』と思って読んでいるわけではないのですが、文字の大きさを変えるとページが終わったり、その辺の〝不確かさ〟みたいなものが途方もない気分にさせられるんです。つまり紙の方が物語との距離を実測しやすいんです。『もう少しで読み終わりそうだな』とか、『あとこれだけの残りページで何がおこるんだろう?』とか」

これは書評家、永江朗との対談(「WEB本の雑誌」)で語ったものだ。

読みにくさは、いずれ機器の改良などによって、改善されるだろう。ただ、紙の本によって得られるような身体感覚を電子書籍が備えることができるかどうかは分からない。むしろ、そういう身体感覚を〝薄くした〟のが電子書籍だろうし、そこに便利さというものも付随しているからだ。

この対談で、永江は、「フィクションは電子書籍に向いていると思います。寝床で読むのが好きなんですけど、重みからの解放感がある」と語っている。

読みやすいかどうかの個人差は多少はあるとしても、電子書籍で小説を読む習慣はいずれ広まっていくのかもしれない。幅も「この本はリーダーで、これは紙の本で、というようにメディアの使い分けが重要になるだろう」と言う。

ただ、ブック・コーディネーターの内沼晋太郎との対談(「WEB本の雑誌」)で、幅はこんな風にも語っている。

「いまはまだ『この本は紙で読みたい』『こっちは電子書籍で』というような、本の適性にまで話が届いていませんよね。でもそれぞれ読み比べてみると、明らかに違う。電子書籍は目と脳に負う部分が大きい。対して紙の本は意外にも体全体を使って読んでいる気がしてきました」

その身体感覚を最も感じる本として幅がまず挙げたのは、先に紹介したガルシア・マルケスの『百年の孤独』だった。時間の流れが行ったり戻ったりするため、何度も前に戻って確認しなければならない。骨の折れる本ではあるが、そこが大きな特徴であるこの本は、幅に言わせれば「読み戻すこともこの物語を読む一部」だという。

ジェームス・ジョイスの『ユリシーズ』の重さと、読み終わって、これだけ読み切ったのかという満足感。反対に、ツルゲーネフの『初恋』文庫版の薄さの中に、こんなにも多くの恋の要素が書きこまれているのかと驚き、そこに小説の凄みを感じとったりするのも紙の本ならではのことだ。

「そんな時、紙の本だと『確かこの辺』と指先の感覚や何となくの記憶で、ページ数のアタリをつけておくことができる。指先の感覚と記憶の交差点のような不確かな指標をまさぐってさかのぼっている気がしますね」(内沼との対談)

紙と電子で違う情報の深度

幅は、もう一つ、電子書籍などのディスプレイ、つまりインターフェイスでの文字の再生と、紙に書かれた文字の違いについて、興味深いことを話してくれた。

それは再生しやすい、情報量の少ない表音文字だけなら電子書籍でもいいが、漢字など、字としての情報量が多い場合、電子書籍で読むのはかなり辛いというのだ。

たとえばパソコンや携帯、スマートフォンでメールをやり取りする場合に、○○様と書くと、どうしても文字と文字の間が詰まった感じがしてストレスを感じてしまい、○○さま、とひらがなで「さま」を書きたくなるという。これを幅は、「インターフェイスの深度が違う」と表現した。幅と同じような感覚を持つ人は多いのではないだろうか。漢字などの表意文字の場合、電子メディアではその深さを受け止めきれないのだ。

同じ文字を書いても、電子書籍のインターフェースと、紙に書かれたものでは、読む者に与える印象が違い、読みやすさにも関わってくるというのは、微細なことのようでいて、何かとても重要な違いを示しているように思える。

「仕事柄、ということもありますが、紙の上に刷ってある情報がやっぱり好きなんですよ。紙の上だとモニターと違って行間が読めてくるし、たとえば〝ありがとう〟という言葉が紙の上に載っているとして、ボードみたいな厚い紙なのか、逆にペラペラの薄い紙なのかとか、どういう紙に載っているかで、受けてのイメージが全然違うじゃないですか。だから細かいニュアンスを伝えるメディアという意味では、紙というのはまだ優れているんじゃないかって思っています」(『Switch』二〇〇八年五月号)

紙という素材にインクをのせて成立するページが、連なって一つの本となる。その紙という素材、インクの色によって、また文字の書体によって、まったく本の形相が変わることからすれば、インターフェースよりも、紙の方に分があるだろう。

紙の宇宙

日本の戦後のグラフィックデザインを牽引してきたデザイナー、杉浦康平は、紙と本について深い洞察をしている。

「一枚の紙が、机の上に置かれている。なんの変哲もない、静かな日常の風景である。薄くひろがり横たわる一枚の白紙―たとえば仕事で使うコピー用紙―は、ごく日常的な素材としてあしらわれる。ときに見るものの視線にもとらえられず、その幽かな存在感さえ失いかける。

しかしひとたび、なんらかの意志をもつ者がこの白紙に手を触れ、文字を記し、線を引き、色を塗り始めると、一枚の紙は情報を載せた物体となり、あるいは人の心を映し出す鏡へと変容して、時・空間の中で自立しはじめる。

一枚の『ただの』紙から『ただならぬ』紙へ。ときに『かけがえのない』一枚の紙へと存在感を変える」(『杉浦康平・脈動する本―デザインの手法と哲学』展資料)。

杉浦は、五十年以上にわたるその仕事のほとんどを、ブックデザインの世界に傾注してきた。おびただしいその本の数量と、斬新なデザイン、本の表だけでなく、物体としての本のあらゆる側面、部分をもデザインの領域と捉え、徹底して、本という紙の束の可能性を引き出し、それぞれの本が持つ世界観を表現してきた。

杉浦は、本を構成する「紙の宇宙」について興味深いことを言っている。

「ところで、ごく普通の厚さをもつ文庫本。A6判258ページの文庫本が、たった2枚のA0判の紙で出来ているといったら、驚く人がいるだろう」

A0判というのは、用紙の国際規格の最大の大きさを持つもので、八百四十一ミリ×千百八十九ミリ。センチに直すと、八十四・一センチ×百十八・九センチ。

「A0判を二つ折りするとA1判4ページになる。さらに二つ折りを続けるとA2判（2回目・8ページ）、A3判（3回目・16ページ）……A6判（6回目・128ページ）、と変化する。0・1ミリの紙を使えば、すでに6・4ミリの厚さにふくらんでいる。『はい、刷了紙です』……と、薄い大きな2枚の紙を眼前に差し出されると、これがなぜ実在感あふれる文庫本へと変容してしまうのか、にわかに信じがたい気分におそわれる。紙から本へ。ひらりとした頼りないものから確固たる三次元の物体へ……。蝶の羽化に似た激変ぶりではないだろうか」

わずか、〇・一ミリの薄い紙が、折りを重ねることによって、物体としての厚みを獲得していくさまが、見事に描出されている。

こうした紙という熱い力を秘めた素材と、著者の熱量が組み合わさった本という「物体」

の力は、視覚だけでなく、指や腕などの身体感覚を目覚めさせる。ズシリとくる重み。なんとも言えない表紙の質感、紙とインクがまざりあった新刊本の匂い。その手ごたえは「読む」という行為が、たんに視覚と頭だけで本を読むのではないということを、本を手に取る者に充分に感じさせるものではないだろうか。

こうした紙の本の持つ魅力、本という「物」が備えている重層的で多様な価値を、幅はよく分かっている。

「僕は紙の本を選ぶとき、装丁や印刷などの、紙の手触りやインクの香りなども気になる性質なんです。人間が身体ベースで活動を続けている以上、実存感のある紙束の方が、人間との近さや確からしさを感じさせるものであるということはしばらく変化しないでしょう」

本は、そこに書かれた内容＝テキストだけでなく、それが印刷された紙の種類、印刷している文字、書体、表紙、装丁、紙の束の綴じ方といった多くの、長い時間継承されてきた技術の集積体でもある。

「読んだ本のことを思い出す契機って、内容だけでなくいろいろな要素が絡んでいると思う。厚さとか、装丁とか、その当時の記憶とか。そういう依り代が多い本が、結局自分の中で血肉化する本なのではないでしょうか。僕はとにかく、読んだ本が日常に機能して、面白おかしく毎日を過ごすことが最も大切だと思っています。紙の本であれ、もう少し道具として進化し、システムが整った電子の本であれ、人間が主体として、それらを使いこなし、人がもっと本を読む自由を獲得できればいいと思っています」

最後に一つ、ユニークなイベントについて触れておきたい。

それは、四月下旬から五月上旬にかけての大型連休を挟む十日間ほどにわたって、東京・六本木の東京ミッドタウン芝生広場で開かれる「パークライブラリー」だ。

地下鉄大江戸線・六本木駅側から行くと、ミッドタウンの最も高いタワー「ミッドタウンタワー」に入り、右手の方に進む。するとガラス越しに、芝生広場が目に飛び込んでくる。ここに初めてきた人たちは、思わず「いい景色！」と声を挙げたくなるような開放感と意外性に目を惹きつけられる。

緩やかな起伏のある芝の広場で、休日には、家族連れやカップルなどが、芝生の上に寝そべったり、ゆったりとした時間を過ごす光景がみられる。ここに幅は本を持ち込んだ。屋外で本を読む楽しさを味わってもらおうというのだ。

愉しい仕掛けがしてある。芝生広場に行くと、バスケットが用意されていて、その中に、本が三冊ずつ入っている。レジャーシートも入れてあり、バスケットは無料で貸し出す。

二〇〇九年から始まり、これまでに五回開催している（〇九年は十月にも開催）。本は、いくつものキーワードによってＢＡＣＨが選んだ、いわば推薦本である。キーワードは、セグメントと考えればいい。ちなみに一二年のキーワードの一つは「家族のつながり」。選書された本は『at Home』（上田義彦）、『もう、家に帰ろう2』（藤代冥砂）、『シズコさん』（佐野洋子）。もう一つのキーワードは「自然とのつながり」。本は『プランツ・ウォーク東京道草ガイド』（いとうせいこう／柳生真吾）、『花の国・虫の国―熊田千佳慕の理科系美術絵本』（熊田千佳慕）、『せいめいのれきし―地球上にせいめいがうまれたときからいままでのおはなし』（バージニア・リー・バートン／いしいももこ訳）。

快晴の日の昼下がり、ポカポカとした陽気の中で、バスケットを抱えて、芝生の間の道を歩き、寝転がったり、座ったり、腹ばいになったりしてページをめくっている。幅は、そういう風景を本当に嬉しそうに眺めている。

幅に初めて会った時、「本のページをめくる所作」が日常から少しずつ失われていることへの危機感を強くにじませていた。だが、出会いさえあれば、人は、本のページを開く。太陽の下で、そんな光景を見るのもなかなかいいものだった。

本は部屋の中だけで読むものではない。外で読んだって構わない。生活のあらゆるシーンに本がある。本屋に人が来なければ、本の方から出て行けばいい。最初から幅が言い続けてきたことの、これもまた一つの試みなのだ。

終わりに代えて

韓国からのオファー　［ヒュンダイグループ］

二〇一二年。幅のもとに意外な所から仕事が舞い込んだ。韓国を代表する大企業「ヒュンダイ」グループからだった。

グループ独自の「トラベルライブラリー」をソウル市内に一四年に創設する計画があり、キュレーターとして参加してほしいというのだった。

このライブラリーは、韓国人と韓国を訪れた旅行者などに、韓国のことをより深く知ってもらい、旅行に役立ててもらうための施設だ。仕事の内容はライブラリーのための文芸書や写真集を四千冊選書し、棚を作るという話だった。

幅によると、韓国は日本の雑誌などメディアをよく見ていて、幅のことは雑誌で知ったのだという。

幅は地域別に本や写真集を並べるプランを作っているが、幅によると、韓国では欧米や日本の本などの翻訳は多く、選書できる本はかなり揃っているという。

「もちろん、日本で並べる時と韓国とでは、同じ本でも本のイメージが違うと思います。けれど、あえて自分たちの方法論を変えたりしません。その本だけでなく、隣に何を置くか、その向こう側に何を配置するか、連なりで見せていくつもりです。仮に読み違いがあっても、僕らの意図を超えて受け取ってもらえれば、何らかの化学反応、化学変化が起きるかもしれません」

幅のところには、以前アメリカからも本棚の編集について相談が持ち込まれたことがある。日本の本などを生かした棚の話だったが、アメリカで翻訳されている日本の本が限られていて、実現はしていない。ただ、今回、韓国から新たに本棚の編集についての依頼が来たことは、海外でもブックディレクションについて注目していることを改めて強く実感させるものだった。幅によれば、海外では日本のように本屋の本棚を編集したり、本の魅力をビジュアルで見せるライブラリー作りは、ほとんど行われていないだろうという。

「よくこんな細かいことをやるよね、華道みたいだ、とアメリカの本屋に言われたこともあります（笑）。彼らは、一冊ずつの本の並びなどほとんど気にしませんから」

そういう意味では、幅は、世界でも極めて珍しい分野の仕事を開拓し、創り上げたと言ってもいいのだろう。

ブックディレクターという、耳慣れない肩書きを初めて知ったのは二〇〇八年のことだった。失礼ながら、それを仕事にしている幅允孝という人物のこともそれまで知らなかった。それから四年あまり。この間、幅の名前はずいぶんと浸透した。新聞、雑誌、ラジオ、テレビと、活躍の場は出版業界の枠を超え、メディア全般にわたっている。

本書の取材は、幅の活動が多忙を極め始めた時期と重なっていて、一つひとつの仕事を追跡し、書きとめるそばから、新しい「本棚」が出来ていくという感じだった。幅のプレゼンテーターとしての能力が広く受け入れられているということと同時に、巷間、売れないと言われる本が、別の文脈で関心を持たれ始めていることを実感させるものだった。

そんな中から、できるだけ多くの「本棚の編集」の現場を訪ね、これほど本が、本屋以外の場所に出て行く理由、書店業界ではない企業などから求められる背景などを探ってみたいというのが、本書を書いた最大の目的である。

断続的に取材を行い、いくつもの「現象」を追っていく中で見えてきたことがある。一つは、本で食べている業界よりも、本とは直接的に関係のない業界や企業、団体から「本棚の編集」を依頼してくる割合が高いということだった。

もう一点は、それらの企業や関係者が、いずれも現状に対して明確な「危機感」や「変革」の意思を持っていたということだ。

当初それは、時代の「変化」だと思った。だが、よくよく考えてみると、「停滞」であり、「閉塞」の結果だった。問題の所在は見えていても、さまざまなものが絡み合い、お互いを縛りあって変えることができない。改革が難しいという状況が、社会のあちこちで起きている。本の業界もそういう状態なのだ。この「ドン詰まった」状況を変えるのは容易なことではないだろうということも実感として分かる。

だからこそ、と言うべきなのか。時代を超えて変わらない本の生命力が、際立って見えるのである。紙の束である本ならではの底知れない潜在的な力。古今東西、多くの人の手によって書かれ、編まれ、送りだされてきた本が、世界中に堆積している。それは、埃をかぶって倉庫にある限り、ただの紙の束である。しかし、出会い方によっては、生き生きと甦り、読者の心を覚醒させ、情熱に点火するだけのエネルギーを秘めている。

これまでのスタイルや方法を続けていても何も変わらない。それどころか、やがては行き詰まる。時代が明らかに一つの壁に突き当たっている。

しかし、人々の考え方も行動の動機づけも、以前とは変わってきているのではないか。そんなことを、幅に仕事を依頼してくる人たちは鋭敏に感じとっていた。そして彼らがみな一様に、自分たちの考えや意思を伝える手段、方法の一つとして本を考えていたことには新鮮な驚きがあった。

幅は、そうしたリクエストに応え、本棚の豊かな世界を表現しつづけてきた。その中で、一冊一冊の本が輝きを取り戻していくように感じられたのも不思議な体験だった。

本は、本来、それぞれが一つの命を持っている。どんな重厚な物語であろうと、どれほど軽いエッセイのようなものであろうと、薄い写真集であろうが、子供向けの絵本、マンガであろうが、書き手や表現者の想いとメッセージが含まれている。たとえ地味であったり、無名の書き手によって書かれたものであっても、それが面白い！　これが読みたかったという読者と出会う限り、その本は、その読者にとって最も良い本だと言えるのである。ベストセラーの横に、まったく知らない本がさりげなく並んでいる。でも、堂々としている。輝きはちっとも引けをとらない。埃にまみれて、どこかの古書店の奥に埋もれていたような本が、幅によって陽のあたる所へ呼び出され、再び命の輝きを放っている。

「おい、よかったな」

思わず、そんな声をかけてみたくなる。

本書では、幅の仕事の一部しか紹介できなかった。すべてを網羅するには紙数が足りないほど、幅は多方面で「本棚の編集」をしてきた。その仕事の広がりについては巻末の資料でご覧いただきたい。本を求める現代社会の一端が垣間見えると思う。また、取材した当時と肩書きが変わっている方もいるが、基本的に、取材時の肩書きを優先的に用いていることをお断りしておきたい。なお、登場する方々の敬称は略させていただいた。

取材期間が長期にわたったために、本書で紹介した中で、時間の経過とともに本棚の作りを大幅に変えたり、本棚のコーナーをやめた所もあることをお断りしておきたい。「TSUTAYA TOKYO ROPPONGI」や「BOOK246」、「シブヤパブリッシング&ブックセラーズ」、「アディダス」などだ。当初の目論見とはズレが生じたり、事業の運営上、本棚を変えざるを得なかったケースもある。日々大量の新刊が出版される中で、棚も変わり続ける。本は生き物であり、本屋の店頭も常に「変わる」ことが宿命づけられているようなものだ。一度作ったら大きく変更しないでもすむライブラリーと、事業体としての本屋では、違いが出ることも取材を通して分かった。

ただ、本というものが、どうすれば読者と「幸福な出会い」ができるのか、本屋が新しい読者を本に振り向かせることができるのかということを考えたとき、本棚の編集という仕事が問いかけている意味は大きい。そういう観点からお読みいただきたいと考え、多少時間が経過した話も、取材した時期の話を中心にレポートしている。

取材の過程で、本の力や、気がつかなかった魅力を改めて教えてもらったと感じている。何冊もの知らない本と出会った。本の世界は汲めども尽きない。本は昔も今も変わってはいない。ずっと、そこに「ある」のである。ただあまりにも本が増えすぎ、売り方が効率化する中で、魅力的な本が次々に消えていく。あまりにもったいない。量が増えるにつれ、本の文化は反対にやせ細っているように感じられる。供給側の都合が優先され、これまで通りの分類の仕方で棚に本を並べておくだけでは、本は、読者とのよりよい出会いを失っていくだろう。どうすれば手にとってもらい、買ってもらえるのか。本に関わる人たちは、それぞれに模索し、格闘しなければならないのだと思う。

一冊の本は、時に読者を世界の果てまで連れていく。何億光年の彼方まで、想いを飛ばせてくれる。そんな本が、世界中で読まれる時を待っている。読んでくれる人を待っている。読まれない本が多い。一生のうちに読むことのできる本は限られている。だからこそ、自分にとって「いい本」に一冊でも多く出会いたい。

「本はものすごくよく喋るというものではないんですね。紙に留まっていますから。だとすると、読んだ人が紹介していくしかない。本の声を届けていくしかないと思っています」

幅はそう言う。

本が好きで、本について語ることはたぶんもっと好きな幅は、その一冊一冊を、できるだけ多く読者の手に届けるために、本をより輝かせるために、きょうもどこかで語るのだ。本屋で、ブックカフェで、ライブラリーで。あるいは電子書籍の中で。

BACH 仕事一覧

書店

名称	内容	住所・電話・ディレクション期間
TSUTAYA TOKYO ROPPONGI	TSUTAYAのコンセプトショップとして六本木ヒルズ誕生と共にオープン。日本初のスターバックスと融合したBOOK & CAFÉ(※1)。	東京都港区六本木6-11-1 六本木ヒルズ 六本木けやき坂通り ☎03-5775-1515 2003年4月〜2007年11月
BOOK246	トラベル・ライフスタイル誌『PAPER SKY』とのコラボレーションで実現した、旅の本に特化したブックショップ。	東京都港区青山1-2-6 Lattice aoyama 1F ☎03-5771-6899 2004年5月〜2006年5月
Kurkku <<< library	快適でも環境によい暮らしのあり方を考える「kurkku」が経営する本屋。テーマは「かろやかな環境本」。	東京都渋谷区神宮前 2006年6月〜2008年1月
尼ヶ坂	店主自ら改装したビルに本や雑貨が並ぶギャラリーが併設されたサロンスペース。「家族のために」をテーマに古書や洋書等選書。	愛知県名古屋市北区杉村1-4-4 尼ヶ坂ビル ☎052-917-5800 2006年12月〜
SHIBUYA PUBLISHING & BOOKSELLERS	「そこでつくって、そこで売る」地産地消をコンセプトにした出版する書店。開業時は年代別に本棚を編集していた。	東京都渋谷区神山町17-3 テラス神山1F ☎03-5465-0588 2008年1月〜12月
book + café BOOOK	東北大学工学部の生協内に新設されたブックカフェ。理系の書物だけでなく、新たな好奇心を誘発される書籍のコーナーを設置。	宮城県仙台市青葉区荒巻字青葉6-6 東北大学工学部キャンパス内(一般利用可) ☎022-261-6856 2010年4月〜

※1「ジェイ・アイ」の石川次郎氏の下でアドバイザリースタッフとして担当。

本のコーナー

名称	内容	住所・電話・ディレクション期間
LOVELESS	吉井雄一氏が手がけた超感度セレクトショップの本コーナーを制作。ファッション、音楽、漫画とジャンルを横断。	東京都港区南青山3-17-11 2004年7月～2008年6月
reading finerefine	ワールドの手がけたインテリアショップ内にブックショップをオープン。ユトレヒトの江口宏志氏との共作。	東京都港区銀座6-10-1 松阪屋銀座店B2F 2005年4月～2005年12月 (2008年7月閉店)
CIBONE Aoyama	デザイン性の高い家具と生活雑貨の店。ビジュアル本だけでなく、食や生活関連本も。棚から本が染み出し、店内の至る所に。	東京都港区北青山2-14-6 青山ベルコモンズB1F ☎03-3475-8017 2006年6月～
CIBONE Jiyugaoka	シボネのコンセプトを基盤としながら自由が丘の磁場に寄り添った食や家族、生活をテーマにした本や、絵本などを展開。	東京都目黒区自由が丘2-17-8 2006年6月～2008年3月 (2012年4月よりTODAY'S SPECIAL自由ヶ丘としてリニューアル)
SOUVENIR FROM TOKYO	国立新美術館のB1Fにあるミュージアムショップ。雑貨と本が混在し、東京の今の空気感が凝縮されている。	東京都港区六本木7-22-2 国立新美術館B1 ☎03-6812-9933 2007年1月～
HOYA CRYSTAL TOKYO	「東京発のラグジュアリー・クリスタル」がテーマの路面店。ものづくりをする人々に向けて『アイディアソース300』という本棚を設置。	東京都港区南青山5-14-3 2007年10月～2009年3月 (2009年5月閉店)

the Lobby BOOKSTORE & CAFE	阪急メンズ大阪館内のブックカフェ。大阪男のプリンシプルである、「粋《すい》」と「ユーモア」をテーマにした本を集めた。	大阪府大阪市北区角田町7-10 阪急メンズ大阪 3F ☎06-6313-8816 2008年2月〜
HANDS BOOKS	東急ハンズ内のブックショップ。各階のフロア構成と呼応した本棚に、新しい生活のヒントとなる本1500冊を常備。	東京都中央区銀座2-2-14 銀座マロニエゲート7F 東急ハンズ銀座店内 ☎03-3538-0109 2008年3月〜(2012年6月リニューアル)
minorityrev hirao	職人の手業を感じさせる服を集めた福岡のセレクトショップ。本も経年変化に耐えうるアートや写真の名作を。	福岡県福岡市中央区平尾2-19-35 ☎092-534-8518 2008年3月〜
NEO GREEN	鉢物専門の植物店にて「みどりと気づきの書棚」をディレクション。小さいながらも濃厚かつ重厚な本棚。	東京都渋谷区神山町1-5 グリーンヒルズ神山1F ☎03-3467-0788 2008年3月〜
THE CONTEMPORARY FIX	吉井雄一氏がディレクションするセレクトショップ。吉井氏の優美な趣味性と遊び心に合うヴィンテージブック等を選書。	東京都港区北青山3-12-14 ☎03-6418-1460 2008年6月
Tokyo's Tokyo 羽田空港 第2ターミナル店	羽田空港を発着する旅人のためのエディトリアル・ショップ。旅の道具から東京のお土産、そしてそれらを彩る本を厳選。	東京都大田区羽田空港3-4-2 第2旅客ターミナル3F マーケットプレイス ☎03-6428-8732 2009年2月〜
TOUCH	最高素材のタオルを中心としたバススタイルを提案するお店。入浴から育児、禅、自然環境等の本を季節ごとにセレクト。	東京都港区六本木6-10-1 六本木ヒルズ ウエストウォーク4F ☎03-5786-9611 2009年2月〜2012年7月

WORDROBE TREE	オーガニックな衣食住にまつわるグッズを集めたビューティーセレクトショップ。女性のための優しい生活本を選書。	東京都新宿区新宿3-30-13 新宿マルイ本館 5F 2009年4月〜(2012年3月閉店)
模型ファクトリー	模型を通じてものづくりの素晴らしさを伝えるショップ。模型関連の原作本だけでなく、作品の世界観を広げる本を選ぶ。	東京都新宿区新宿3-1-26 新宿マルイ アネックス7F ☎03-6457-7735 2009年9月〜(梅田店2011年4月〜)
Brooklyn Parlor 新宿店	ブルーノート東京がプロデュースする音楽、本、食が融合した空間。美味しいビールを呑みながら、本を読む時間は至福。	東京都新宿区新宿3-1-26 新宿マルイ アネックス B1F ☎03-6457-7763 2009年9月〜
lucien pellat-finet 心斎橋店	最高級のカシミアニットをつくるルシアン・ペラフィネのブティック。インタビューを通じて、彼の哲学を本棚で再現。	大阪府大阪市中央区西心斎橋1-1-1 ☎06-6241-1156 2009年12月〜
SMILE TOKYO	空港にできた土産物屋の壁面をディスプレイ。東京の老舗土産や食品が並ぶ店内で、その来歴や食の愉しさを本で伝える。	東京都大田区羽田空港3-4-2 第2旅客ターミナル2F 出発ロビー ☎03-6428-8725 2010年10月〜
TRAINIART	「鉄道を楽しむ」をテーマに、本物志向のグッズと合わせて鉄道の新たな魅力を開拓する本がちりばめられている。	東京都千代田区外神田1-17-6 アトレ秋葉原1 2F ☎03-5289-3832 2010年10月〜(※2)
cafe/day	店主が幼い頃に読んでいた本とBACH選書の集合本棚。内装・グラフィックも幅周辺に声を掛けて臨んだ手づくりの店。	静岡県沼津市沼北町1-16-26 ☎055-922-3910 2010年10月〜

※2 ミュージアムショップ TRAINIART東京ステーションギャラリー内、2012年9月〜

45R 二子玉川 R BOOK	ブティックに併設された本棚。「45R」のライフスタイルをテーマに遅効、遠まわり、手業等のテーマで多彩な本を選書。	東京都世田谷区玉川2-22-12 二子玉川ライズ・ショッピングセンター・ステーションマーケット1F ☎03-3709-9945 2011年3月〜
martinique	トラッドベースのアイテムを丁寧に装った洗練された雰囲気のセレクトショップ。大人の装いを彩る国内外の本を厳選。	東京都千代田区丸の内2-2-3 丸の内仲通りビル1F ☎03-5224-3708 2011年3月〜（※3）
PAPER CHEST	欧州のオーセンティックさに米国のフリーダムスピリットを加えたミックススタイルの洋服店。場所柄、雑貨のような本を選書。	大阪府大阪市中央区難波5-1-60 なんばCITY 地下1F ☎06-6644-2771 2011年5月〜（ルミネエスト新宿店2011年9月〜）
AVILO_ FUKUOKA	「オリーブのように生きる」をテーマにコスメや雑貨、苗木等を置く店内。オリーブ実用本は勿論、環境や食の本も。	福岡県福岡市中央区大名1-13-18 ☎092-986-6879 2011年9月〜
Phaeton	石川県のセレクトショップ。一筋縄ではいかないメンズアイテムの一角には、細部のこだわりを炙り出すヒントになる本が。	石川県加賀市伊切町い239 ☎0761-74-1881 2011年11月〜
のもの	地域再発見をテーマにした地産品ショップ。各都道府県ならではの「旬のもの」「地のもの」等に合わせて三週間ごとに選書。	東京都台東区上野7-1-1 JR上野駅中央改札外 グランドコンコースガレリア内 ☎03-5806-0680 2012年1月〜
TODAY'S SPECIAL 自由が丘	シボネ自由が丘店が新しく生まれ変わった。今日一日を昨日より愉しく充実させるための実用本から、遅効の本まで。	東京都目黒区自由が丘2-17-8 ☎03-5729-7131 2012年4月〜（渋谷ヒカリエShinQs2012年4月〜）

※3 梅田店2011年9月〜、代官山店2011年11月〜、名古屋店2012年3月〜

Tokyo's Tokyo 東急プラザ 表参道原宿店	トーキョーズ トーキョーの第二店舗はマンガをテーマにした雑貨と本の店。本棚や平台にコマ割りや吹き出し等を用いた。	東京都渋谷区神宮前4-30-3 東急プラザ 表参道原宿 5F ☎03-6438-9201 2012年4月〜
Brooklyn Parlor 博多店	ブルックリンパーラーが博多に開店。さまざまな本が並ぶなか、九州が生みだした文化人や芸術家の本も揃えている。	福岡県福岡市博多区下川端町3-1 博多リバレイン1F ☎092-283-5622 2012年4月〜
Adam et Rope' Le Magasin	「アダム エ ロペ 」のコンセプトストア。スカイツリー下のソラマチのお店だけに、タワーや塔、東京案内の本を置く。	東京都墨田区押上1-1-2 東京スカイツリータウン ソラマチイーストヤード2F ☎03-5610-2920 2012年5月〜(※4)
LE COLLIER MARUNOUCHI	東京駅構内にある泡のお酒を取り揃えたお店。お酒全般の本を扱うが、駅なので旅先の居酒屋やバーの情報が重宝される。	東京都千代田区丸の内1-9-1 JR東日本東京駅構内B1F GRANSTA ☎03-5220-5263 2012年6月〜
ビューティアポセカリー	伊勢丹新宿店本館のビューティフロアに美と健康をテーマに本のコーナーを設置。実用本だけでなく心をケアする本も集めた。	東京都新宿区新宿3-14-1 伊勢丹新宿店本館B2F ☎03-3352-1111 2012年9月〜
東急ハンズ 東京店	大丸東京店内にオープンした東急ハンズの各所に本棚を設置。店内を回遊しながら、本も一緒に愉しめる空間が誕生した。	東京都千代田区丸の内1-9-1 大丸東京店8・9・10F ☎03-5220-7109 2012年9月〜
MINOTAUR BOOKSELLERS	中目黒のファッションブランドショップ。街のコミュニティとしても愛されるよう、季節や土地の磁場に合わせて選書。	東京都目黒区青葉台1-6-58 ☎03-6416-4174 2012年11月〜

※4 御殿場プレミアムアウトレット店2012年3月〜、新宿ルミネ エスト店2012年2月〜5月(期間限定ショップ)

ライブラリー

名称	内容	住所・電話・ディレクション期間
Heaka　AVEDA 中目黒店	天然植物成分をベースにつかうヘアサロン。内装も天然素材にこだわる店内に、大きな樹や自然の風景をとらえた本を選書。	東京都目黒区中目黒1-10-21 BALS STORE 1F ☎03-5768-1282 2005年10月〜
d-labo	スルガ銀行が東京ミッドタウンに支店を開設。お金を使って何をしようかをテーマにした約1500冊の本が並ぶ。	東京都港区赤坂9-7-1 東京ミッドタウン・タワー7F ☎03-5411-2363 2007年3月〜
arcana izu	grafがリノベーションした伊豆の旅館にライブラリーをディレクション。時間を忘れてゆったり過ごすための本、DVDを集めた。	静岡県伊豆市湯ヶ島1662 ☎0558-85-2700 2007年5月〜
千里リハビリテーション病院	脳梗塞の患者のための病院において、ライブラリーを制作、リハビリに効く本を1200冊選書。BACHの転機となった棚。	大阪府箕面市小野原西4-6-1 ☎072-726-3300 2007年10月〜
ホテル アークリッシュ豊橋	モダンデザインのホテル。クラブフロアのライブラリーは上質な書斎をテーマにオーナーの所有本も使用して仕上げた。	愛知県豊橋市駅前大通1-55 ☎0532-51-1111 2008年7月〜
The South Harbor Resort	谷尻誠氏設計の結婚式場に、ゴッホやニーチェ、サン・テグジュペリが言った愛の格言でセグメントされた本棚を設置。	広島県広島市南区元宇品町2-19 ☎082-250-1122 2008年10月〜

SARA BEAUTY×LIFESTYLE (旧SARA 大名店)	山口県の美容室「SARA」が福岡に初出店。そこに女性が内側からきれいになれるライブラリーをディレクション。	福岡県福岡市中央区大名1-15-33 福岡セントラルビル2F (2012年11月移転) ☎0120-56-7821 2008年11月～
アディダス パフォーマンスセンター渋谷	「アディダス オリジナルス」のフロアに本棚を設営。スポーツと東京の今の空気感を凝縮した本を選書。	東京都渋谷区宇田川町23-5 2008年12月～(終了)
STRASBURGO	世界中のファッションアイテムを彩るために本をディスプレイ。アイテムの背後にある物語やイメージを本で表現。	東京都港区南青山3-18-1 ☎0120-383-563 2009年1月～(終了)
スルガ銀行 自立の思想研究所	福沢諭吉的精神を現代に蘇らせる研究施設の本棚。日本と世界の来歴を学び、未来を見渡すための本が並ぶ。	2009年2月～
駿台予備学校 東大専門校舎 (お茶の水3号館) 東大進学ライブラリー	東京大学進学を志す受験生に将来の選択肢を広く持ってもらうよう構想。東大の教授と卒業生の活躍を知る著書を集めた本棚。	東京都千代田区神田駿河台2-5-17 ☎03-5259-3111 2009年3月～
Ristorante PRIMAVERA	イタリアンレストランのライブラリー。イタリアの美意識やポジティブな気質を感じる料理が美味しくなる本棚。	静岡県長泉町クレマチスの丘(スルガ平) 347-1 ☎055-989-8788 2009年4月～
天然温泉 灯の湯 ドーミーイン PREMIUM 小樽	小樽運河の景観に調和した大正ロマン溢れるホテルが誕生。大正ロマン、北海道観光、海や釣り等幅広い本をセレクト。	北海道小樽市稲穂3-9-1 ☎0134-21-5489 2009年7月～

フクヤ建設SHOW ROOM CoCaGe Suuさんかくの家 Cafe & Library	谷尻誠氏設計のショールームにあるライブラリー。どんな家を作るかだけでなく、その家でどう暮らすかまでが見える本を選ぶ。	高知県高知市北御座7-3 ☎088-855-3281 2009年7月～
Discover Japan Room	雑誌「Discover Japan」と連動したコンセプトルーム。幅允孝が京都で見つけた本を読み、ホテルのステイを愉しく！	京都府京都市東山区三十三間堂廻り644-2 ハイアット リージェンシー 京都 ☎075-541-3210（宿泊予約） 2009年9月～（ご要望時）
フォルクローロ いわて東和	花巻市にあるホテルがシボネ監修でリニューアルオープン。岩手の磁場をテーマに選んだ宮沢賢治や地元工芸の本が並ぶ。	岩手県花巻市東和町安俵6-134 ☎0198-42-1011 2009年10月～
the SOHO	世界最大級のSOHOオフィス「the SOHO」から発信する新しいワークスタイルに役立つ本400冊を選び、ロビーに設置。	東京都江東区青海2-7-4 2009年10月～
ホテルメトロポリタン秋田	大人の休日倶楽部ラウンジに置く本をセレクト。大人の夫婦が休日の秋田や東北歩きを楽しむための本棚。	秋田県秋田市中通7-2-1 ☎018-831-2222 2010年3月～
スタジオ・ヨギー TOKYO	有楽町のヨガスタジオに本棚を設置。衣食住や旅など、女性が凛として生きるためのヒントを本棚に点在させた。	東京都千代田区有楽町1-7-1 有楽町電気ビル南館2F ☎03-6212-6851 2010年4月～
あてま森と水辺の教室ポポラ森のホール（当間高原リゾート ベルナティオ内）	リゾート内で活動する自然学校の拠点。乃村工藝社設計の空間に森や雪、田んぼ等自然への冒険をうながすような本棚を設置。	新潟県十日町市珠川 ☎025-758-4811 2010年8月～

valveat 81	セレクトショップ内のVIPルームを本で演出。アートピースのような巨大本など、オブジェにもなる本をスタイリング。	東京都港区南青山4-21-26 ☎03-6406-0252 2010年8月〜
羽田空港 国内線 JAL ダイヤモンド・プレミアラウンジ サクララウンジ	会員制ラウンジの壁面にJALが歩んだ来歴と日本の歴史を重ねあわせる本棚を制作。金のダミー本を使った演出は壮麗。	東京都大田区羽田空港3-3-2 第1旅客ターミナルビル 2010年10月〜
KAAT神奈川芸術劇場 劇場図書館 BOOKAAT	チケット売り場の横に本棚を設置。公演関連本や演劇・ダンス本をバスケットに入れて館内一部エリアに持ち運び可能。	神奈川県横浜市中区山下町281 ☎045-633-6500 2011年1月〜
ビジュール琵琶湖 京阪浜大津	ホスピタリティが充実したマンション内のライブラリー。見知らぬ何かに出会えるような、外にむかっていく本棚。	滋賀県大津市浜大津4-4-1 2011年4月〜
山形県湯野浜温泉 亀や	明治創業の温泉宿を建築家吉村靖孝氏がリノベーション。海に沈む夕日を眺めながら、山形県の磁場を知る本を堪能。	山形県鶴岡市湯野浜1-5-50 ☎0235-75-2301 2011年5月〜
株式会社コスモスイニシア 分譲マンション エントランス	分譲マンションの図書室。今夜の夕飯レシピから、ペットの医学の本まで、生活者に寄り添った選書。	2011年8月〜
BIZCOLI（ビズコリ） ビス・コミュニケーション・ライブラリー	九州経済調査会がつくった図書施設。九州経済を映し出す資料群から現代に役立つ情報を抽出し、柔らかく差し出す。	福岡市中央区渡辺通2-1-82 電気ビル共創館3F ☎092-721-4909 2012年4月〜

壬生歯科医院	歯のしくみや、歯の病気予防法を知って帰ってもらえるような本を選書。子どもも大人も、来院時の待ち時間を愉しめる。	東京都府中市本宿町4-24-4 ☎042-360-8111 2012年4月〜
保健農園ホテル フフ山梨 こころとからだの リゾート	医療スタッフ監修のもと、地元農家と運営する新リゾート。日頃の悩みをちょっとでも忘れられるような本を選書。	山梨県山梨市牧丘町倉科7190 ☎0553-35-4422 2012年9月〜

ライブラリー（オフィス）※

名 称	内 容	住所・電話・ディレクション期間
株式会社アミューズ	アーティストのマネージメント等、あらゆるエンターテインメントを手がけるアミューズ。会社の歴史をひも解くための本棚を設置。	東京都渋谷区桜丘町20-1渋谷インフォスタワー 2008年11月〜
株式会社健ハウジング	下北沢にある不動産屋のショールームのライブラリー。人にとって住居や建築とは何か？　を考えるための本棚。	東京都世田谷区北沢2-1-16 ☎03-3424-8111 2009年1月〜
株式会社堀場製作所 朽木研修センター	辻村久信氏（株式会社ムーンバランス）が森の中の研究所をテーマに手掛けた研修センター。自然の恵みを知る本等を選書。	滋賀県高島市朽木栃生335－10 2009年１月〜
株式会社プロダクション・アイジー	「攻殻機動隊S.A.C.」などで知られるアニメ制作会社のスタジオに、作品世界を拡張するライブラリーを設置。	東京都武蔵野市中町2-1-9 2009年5月〜

※閲覧目的の来場はできません。

CROOZ株式会社	ギャル向けにモバイルコンテンツを制作する会社にエントランス本棚を設置。話を聞いたギャルたちとの共作とも言える。	東京都港区六本木6-10-1 六本木ヒルズ森タワー 38F 2010年3月〜
株式会社電通 ストラテジック・プランニング局 創発ライブラリー	電通のストラテジックプランニング局内に本棚を設置。企画をつくるためのアイデアソースや発想の転換本などを提案。	東京都港区東新橋1-8-1 2011年3月〜2012年3月
株式会社ブックリスタ	電子書籍事業を手がけているブックリスタのエントランスライブラリーを、内沼晋太郎氏と共に制作。	東京都港区赤坂2-5-27 SKIビル4F 2011年6月〜
株式会社フォーク	多くのウェブサイトを手がけるフォークの新設ラウンジ本棚。別館のラウンジスペースに“知”と“感性”の本等を置く。	東京都渋谷区渋谷2-12-19 東建インターナショナルビル4F 2012年5月〜
トゥループロパティマネジメント株式会社	理想のプロパティマネジメントの追求を理念とする会社のライブラリー。寛ぐ時に読む本、仕事のヒントになる本等が並ぶ。	東京都中央区明石町8-1聖路加タワー40F 2012年5月〜
JUN	JUNグループの新社屋の完成に合わせ、既存の本を整理整頓。新しい本も加え、美しいアーカイヴに。	東京都港区南青山2-2-3 2012年10月〜
フィールズ株式会社	キャラクター等知的財産を基軸に展開する会社のエントランス。巨大なテーブルやイスのオブジェとともに2500冊もの本を並べる。	東京都渋谷区円山町3-6 E・スペースタワー 2012年3月〜

イベント／展示 他

名称	内容	住所・電話・ディレクション期間
ゼラチンシルバーセッション	銀塩写真でしか表現できない独特の風合いや、培われてきた手仕事や技術、機材を次世代に繋ぐプロジェクト。企画構成に参加。	2006年
王子製紙株式会社 OJI PAPER LIBRARY	メーカーとユーザーが直接交流できる場としてオープンした紙のライブラリー。開館から2年間、展示の一部を企画。	東京都中央区銀座4-7-5 王子ホールディングス本館1F ☎03-3563-4816 2006年11月～2008年末
風景としての本棚プロジェクト「イキル本棚」(DESIGNTIDE 2006)	アートディレクター森本千絵氏と取り組んだ「風景としての本棚プロジェクト」。インテリアとして機能する本棚を制作。	東京都渋谷区神宮前6 東洋ビル 2006年11月1日～5日
子どもの本のカーニバル	幼少期から大人へと成長する子どもたちへ向けて書かれた作品を集め、「子どもの本カーニバル」に合わせて、本棚を設営。	福岡県福岡市中央区天神1-1-1 アクロス福岡 2008年3月25日～4月6日
NIKE Dunk Knows (屋外広告)	1985年に誕生したナイキの「Dunk」。来歴を伝える広告に本を使用。本が巨大サイズになって工事中の仮囲いに登場。	東京都港区北青山3-11-7 2008年4月
伊勢丹 アート・コンビニエンスストア Jumping Magazine & Sunday Champion	創刊から同じ判型で続く4つの偉大な少年マンガ誌。小口フェチだという幅が約250冊がおさまる本棚をマンガ誌で制作。	東京都新宿区新宿3-14-1 伊勢丹新宿店本館1F ザ・ステージ 2008年9月

PICASSO'S PLACE	ピカソのアトリエをイメージしたギャラリー展で、関連書籍の本棚を設置。ピカソが愛したモノ、思索が味わえる。	東京都港区赤坂9-7-1 東京ミッドタウン ガレリア3F 2008年10月4日～19日
宮沢賢治の贈りもの	宮沢賢治の人となりを通して幸せについて思い巡らす展覧会で、賢治のいう「他者への愛」をテーマに本棚を作る。	福岡県福岡市中央区天神1-7-11 2009年1月～2月
リビングフェスタ 江戸のDNA、 メイドイン日本	日本橋三越本店にて催されたリビングフェスタ。日本に江戸時代から継承されてきた伝統の手業にふれる本等を選書。	東京都中央区日本橋室町1-4-1 日本橋三越本店 2009年5月
PARK LIBRARY	東京ミッドタウンのふかふかな芝生の上で本を楽しむことができるライブラリー。外で読書する体験が気持ちよい場所。	東京都港区赤坂9-7-1 東京ミッドタウン 芝生広場 2009年5月、2009年10月、2010年5月、2011年5月、2012年5月
SPECTACLE in the farm	那須を賑わす2日間のスペクタクルなプロジェクト。神出鬼没で牧歌的なスーベニアショップを監修し、絵本交換会を実施。	那須高原 2009年9月26,27日、2010年11月27,28日
BMW Studio One	サステイナビリティを掲げるBMWがリサイクル可能な素材で温室を設置。冬でも緑豊かな空間に生命知に触れる本を選書。	東京都渋谷区神宮前4-9-6 2010年1月30日～2月28日
Lohas Design Award チャレンジ25ハウス	2020年までにCO_2の排出量を25%削減させる暮らしを提案するエコモデルハウス。そこでの展示ディレクションを担当。	新宿御苑 2010年5月13日～16日

Photographs YAKU-SHIMA × BUILDINGS	NYを拠点とした写真家エイドリアン・ゴートの個展を企画。屋久島の大木や、ビルのカーテンウォールを撮影した作品等展示。	東京都渋谷区神宮前5-39-12 Raum1F 2011年2月25日～3月10日
株式会社電通 Good Entrance Project “空気の図書館”企画	透明な梱包材で造形した什器に、社員が選んだ本を置くと、本があたかも宙に浮いているよう。そんな「空気の図書館」を制作。	東京都港区東新橋1-8-1 電通本社ビル エントランス 2011年10月3日～25日
A Xmas Story 西武・そごうのクリスマス 2011	1冊の本とその本のストーリーにまつわるモノを組みあわせ、クリスマスの贈りものとしてご用意。ラッピングボックスも監修する。	東京都豊島区南池袋1-28-1 西武池袋本店他 西武・そごう全店 2011年11月8日～12月25日
あの本の主人公はどんな靴を履いていたんだろう？ 千阪実木とBACH	靴づくり職人千阪実木氏が、本のストーリーをたどってつくった靴たちを、本から抜粋した言葉とともに展示。	東京都渋谷区神宮前5-39-12 Raum1F 2011年12月14日～22日 （「本から生まれた靴たち」銀座教文館2011年6月20日～26日）
京都造形芸術大学 伊東豊雄：Cave of Books（本の洞窟）	建築家 伊東豊雄氏が設計した「本の洞窟」。「育つ本棚」をテーマに訪れる人がお勧めの本を増やしていける余白を設けた本棚。	京都市左京区北白川瓜生山2-116 京都造形芸術大学 人間館1F エントランスラウンジ 2012年4月10日～8月30日
LIBRARY in cool forest	ジェイアール名古屋タカシマヤにて開催された「涼感シエスタ」。金魚や花火の本、ぞくっと怖い本等夏を涼むライブラリー。	愛知県名古屋市中村区名駅1-1-4　ジェイアール名古屋タカシマヤ 4F 2012年7月18日～8月7日
MEIEKIいいね！	ジェイアール名古屋タカシマヤで催された「MEIEKIいいね！」。女性の憧れや名古屋歩きをテーマにライブラリーカフェを設置。	愛知県名古屋市中村区名駅1-1-4　ジェイアール名古屋タカシマヤ4F 2012年9月

電子書籍事業

名称	内容	住所・電話・ディレクション期間
ソニーの電子書籍ストア Reader Store 電子書籍事業	好きな時に、好きな本を、自由に手に取ることのできる電子書籍のストアにアドバイザーとして関わる。	http://ebookstore.sony.jp/ 2010年12月〜

上記以外に、一部未掲載の仕事があります。

高瀬毅（たかせ・つよし）

1955年長崎市生まれ。明治大学政治経済学部卒業。ニッポン放送記者、出版社勤務を経てジャーナリスト、ノンフィクションライター。著書に『ナガサキ　消えたもう一つの「原爆ドーム」』（平和・協同ジャーナリスト基金賞奨励賞）『東京コンフィデンシャル』『この国で老いる覚悟』など。ラジオ、テレビのコメンテーターやナビゲーターも務め、新聞、雑誌でコラムや書評を担当。人物ルポも多数。町歩き、本屋、本、珈琲、酒、車、旅、山を愛する。「酒飲み読書会」も主宰。

本《ほん》の声《こえ》を聴《き》け　ブックディレクター幅允孝《はばよしたか》の仕事《しごと》

2013年1月15日　第1刷発行

著　者　高瀬《たかせ》毅《つよし》

発行者　飯窪成幸

発行所　株式会社　文藝春秋

〒102-8008　東京都千代田区紀尾井町3-23

電話　03-3265-1211（代）

DTP　エヴリ・シンク

印刷所　大日本印刷

製本所　大口製本

定価はカバーに表示してあります。

万一、落丁・乱丁の場合は送料当社負担でお取り替えします。

小社製作部宛にお送りください。

ISBN 978-4-16-376030-8

Printed in Japan